„Das ist für alle sehr weit weg und nur noch Geschichte.“

Waltraud Rusch

„Das ist für alle sehr weit weg und nur noch Geschichte."

Erinnerungen von Klaus Cutik

1924-2021

Schriftenreihe Mensch – Kultur – Gesellschaft
herausgegeben von Jürgen Nebel und Waltraud Rusch
Band 1

Schriftenreihe Mensch – Kultur – Gesellschaft
herausgegeben von Jürgen Nebel und Waltraud Rusch

Waltraud Rusch: „Das ist für alle sehr weit weg und nur noch Geschichte." Erinnerungen von Klaus Cutik 1924-2021

Bibliografische Information der Deutschen Nationalbibliothek:
Die Deutsche Nationalbibliothek verzeichnet diese Publikation in der Deutschen Nationalbibliografie; detaillierte bibliografische Daten sind im Internet über http://dnb.dnb.de abrufbar.

© 2022 Waltraud Rusch
Herstellung und Verlag: BoD – Books on Demand, Norderstedt
ISBN: 978-3-7557-7375-7

Inhalt

Vorwort

Mit Klaus Cutik verband mich eine jahrzehntelange Freundschaft, die sich seit der 1980er Jahre langsam entwickelte. Unsere erste Begegnung – ich war eine junge Lehrerin in München und suchte Porzellanköpfe für Puppen zum Gestalten mit Kindern – fand in Küps bei Royal Porzellan statt, wohin mich die Firma Schiel (Perückenproduktion) schickte. So begannen die regelmäßigen Begegnungen. In der Phase meines Studiums, wo ich mich mit Porzellankopfpuppen des Jugendstils wissenschaftlich auseinandersetzte, erfuhr ich eine positive Resonanz und Unterstützung durch Klaus und Anneliese. Sie stellten hilfreiche Kontakte bei meinen vielfältigen Recherchen her.

Lange Gespräche auf der Terrasse auf Ibiza 2018

Der Kontakt blieb bestehen, auch nach meiner Zeit in München. Wir blieben privat miteinander verbunden und haben uns gegenseitig immer gerne und immer wieder besucht. Vor etwa 15 Jahren bot mir Klaus einen Teil von Annelieses Puppensammlung an. Hier befand sich auch eine vollständige Reihe der „Norman Rockwell Characterdolls", die bei Royal Porzellan produziert worden waren. Meine Faszination und Neugier starteten die Recherchen zu und um diese 20 Figuren.

Hierzu gehörten u.a. lange dialogische Gespräche, die ich auf der Terrasse des Hauses auf Ibiza mit Klaus führte. Er berichtete weit mehr, als das, was für die „Norman Rockwell Characterdolls" notwendig gewesen wäre. Dieses Mehr stelle ich nun allen, die Klaus Cutik gekannt und geschätzt haben, zur Verfügung. Es sind Erzählungen aus seinem Leben – Erinnerungen – , die sich sicherlich an der einen oder anderen Stelle verklären, aber auch interessante Zeitgeschichte offenbaren. Er sagte selbst: „Das ist alles sehr weit weg und nur noch Geschichte." Ich wählte dieses Zitat als Titel, da es aufzeigt, wie wach Klaus in Vergangenheit und Gegenwart lebte. Dabei ordnet er die Ereignisse in die Zeit der Geschichte und in die Zeit seines Lebens ein.

Ich habe versucht, diese mündlichen Erinnerungen in eine Schriftform zu gießen. Es geht dabei nichts verloren und die Inhalte sind für alle verständlich, fast so wie Klaus es uns erzählen würde. Die Teilabschnitte gliedern den Text in inhaltliche, nicht chronologische Zusammenhänge.

Seine Tochter Christina und ihr Mann Klaus haben dankenswerterweise mit Bildmaterial und ergänzenden Informationen einen wertvollen Beitrag geleistet.

Muggensturm, Februar 2022
Waltraud Rusch

Klaus Cutik
11. März 1924 in Kahla – 24. März 2021 in Küps

„Das ist für alle sehr weit weg und nur noch Geschichte."

Mein Beruf

Ich bin an sich ausgebildeter Keramikgeschirrmodelleur. Darauf bin ich ganz stolz. Ich bin als Modelleur ausgebildet, zwar nicht für Figuren, sondern für Geschirr, also Tassen usw. Ich arbeitete bei einem Barockservice mit. Habe diese Dinger, diese Regenwürmer, haben wir immer gesagt, da rein modelliert. Das hat mir viel Spaß gemacht. Ich modellierte Körper auf der Scheibe, aber nicht in Ton, sondern in Gips. Da gibt es noch einen anderen Beruf, das sind die sog. Freidreher. Sie kriegen einen Klatsch Masse – Porzellan oder Ton – auf die Drehscheibe. Dann halten sie die Formen mit der Hand – irgendwelche Gefäße – meistens sind es Hohlformen, mitunter waren es auch Teller oder eine Schale. Ich lernte zum Teil in Blankenhain und machte auch dort meinen Abschluss.
Da wurden sogenannte Hubel (*Dieser Begriff hat sich in der Porzellanindustrie etabliert und steht für einen produktionsfertigen Werkstoff für das Drehen, Pressen und Rollen von Porzellan.*) gedreht. Kaolin hat eine Kristallstruktur. Und zwar sind das – ich stelle mir das jedenfalls so vor – kleine Blättchen. Wenn die auf einer Drehscheibe durchgearbeitet werden, dann richten sich die Blättchen in eine Richtung. Dadurch wird es beim Brennen stabiler. Beim Gießen sind diese kleinen Blättchen durcheinander, die haben keine Struktur. Deshalb kann man nicht ganz dünne Stücke gießen, sie halten sich nicht im Brand. Ich drehte kleine Näpfchen. Diese wurden dann in eine Form hineingesetzt und es wurden Mokkatassen. Es wurde eine Schablone reingesenkt, die die Masse an die Gipsform anpresste.

Wolf Feldmann mit Klaus in der Fabrik Royal Porzellan in Küps

Die Mokkatasse war dann höchstens 2 mm dick, maximal, war richtig schön dünn, durchscheinend und hatte eine festgelegte Form, die sich beim Brand gut gehalten hat, weil vorher auf der Scheibe ein „Hubel" gedreht worden war. Die Gipsform gibt die Außenform, die Schablone die innere Form einer Tasse.

Mit Pressen und Gießen geht das nicht. Das ist dann Keramik. Ich habe einmal mit einem Mann im Westerwald zusammengearbeitet. Er hatte einen einfachen Westerwälder Ton verarbeitet, der auch so hoch gebrannt wurde wie unser Porzellan. Ihn habe ich beneidet – er hatte einen Sohn, der Freidreher war. Dieser Sohn hat tolle Vasen gedreht. Durch das Freidrehen entstehen organische Formen. Diese Art der Verarbeitung wird bei Porzellan nicht angewendet. Ich habe noch zwei Väschen zuhause stehen.

Meine Herkunft

Ich gehöre zu der sogenannten dritten Generation. Mein Großvater war Handwerker und hat die Basis der Firma aufgebaut. Mein Vater hat das Aufgebaute verbessert und erhalten, vorwiegend erhalten und verbessert. Ich war dann derjenige, der in diesen „gebildeten reichen" Verhältnissen aufwuchs. Meine Schulkameraden der Volksschule, ich war ja in den ersten vier Klassen in der Volksschule, sagten immer: „Ihr seid ja reich." Und ich sagte: „Ja, aber mein Vater muss viel mehr arbeiten als deiner." Ich hatte diese Erziehung wie man sich anständig verhält und sich benimmt.

Schule

Ich kam 1930 in die Schule. Ich hatte die ersten drei Jahre den gleichen Lehrer und kam 1934 in die vierte Klasse. Da waren die Nazis schon dran, wir hatten in einem Jahr drei Lehrer. Von 1933 auf 1934 wurden dann die Lehrer schon ausgetauscht. Das Schuljahr ging immer von Michaelis *(29. September, Gedenktag Erzengel Michael)*, also Herbst – Herbst zu Herbst. Jetzt haben wir den Wechsel im Sommer. Ostern kriegten wir nochmals Zwischenzensuren.

Ich ging in Kahla, in meinem Geburtsort zur Schule.

Familie Cutik mit den Kindern Klaus, Ulrich und Gudrun vor dem Anwesen in Kahla

Geburt in Kahla

Ich bin ja in Kahla geboren worden – Hausgeburt. Als ich auf der Welt war, kam eine Säuglingsschwester, die meine Mutter unterstützte.

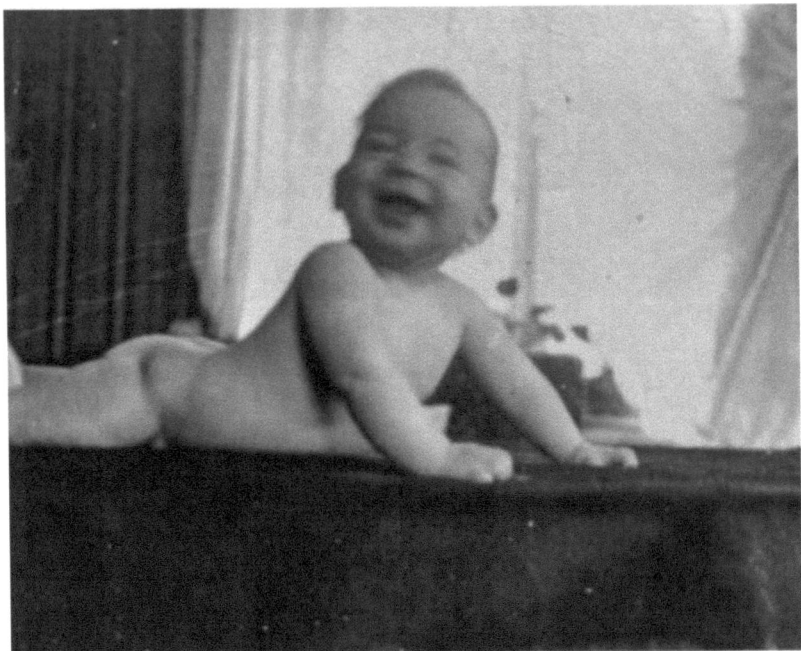

Klaus als Baby

Wir hatten außerdem noch ein Dienstmädchen. In meiner ganzen Jugend gab es immer ein Dienstmädchen, das bei uns im Haus wohnte. Sie haben sich sehr darum bemüht, so eine Stelle zu bekommen. Sie haben immer in der Küche gegessen und wir im Wohnzimmer. Die Dienstmädchen lebten auf dem Boden in einer saukalten Dachkammer und waren glücklich, dass sie ihr eigenes Bett hatten. Die Dienstmädchen kenne ich heute alle noch mit Namen, mit Vornamen. Die erste hieß Hilde. Sie musste besonders auf mich aufpassen, weil ich mit vier, fünf Jahren immer noch in die Hosen machte. Ich hatte keine Zeit dazu, ich habe immer intensiv gespielt. Das wurde mir immer erzählt, ich weiß es nicht mehr. Ich kann mich nur noch daran erinnern, wie ich mit meinem Großvater zusammen frühstückte. Er wohnte 200 m weiter bergabwärts. Als ich zum Großvater ging, war ich ja schon älter (zwischen drei und sechs Jahren), da war er schon alt geworden, Anfang 70.

Bei meiner Schwester und meinem Bruder kam auch jedes Mal eine Säuglingsschwester. Sie waren immer nur ein halbes Jahr im Haus. Meine Eltern freundeten sich mit ihnen an. Diese Freundschaften hielten lange. Es war eine Art Au-pair-Mädchen, das bei mir da war. Sie wurde dann die Schwiegermutter meines Bruders. Es war ein sehr junges Mädchen. Sie war erst 16, hat sich in Gütersloh in den Pfarrer verliebt, der Pfarrer auch wohl in sie. Er war zehn oder fünfzehn Jahre älter. Das ging natürlich nicht. Sie wurde in ein anständiges Haus zur Ausbildung geschickt. 1924 wurde ich geboren. Da kam sie bei uns an.

Klaus im Kinderwagen

Ich bin übrigens in einer alten Porzellanmassemühle geboren worden. Da habe ich meinen Spaß dran. Dort wurde schon lange keine Masse mehr hergestellt. Ich war immer mal wieder dort gewesen, ein uraltes Gemäuer. Die Mühle gibt es heute noch. Damals nach dem 1. Weltkrieg war Wohnungsnot. In dieser alten Massemühle war im 1. Stock eine relativ große Wohnung ganz vornehm eingerichtet. Es gibt Bilder über die damaligen Tapeten. Meine Eltern hatten wunderschöne, extra angefertigte Möbel. Sie kamen später dann ins neue Haus, das 1927 gebaut wurde.

Die Erstgeborene war meine Schwester, da waren nur Dienstmädchen da. Es gibt eine Aufzeichnung meines Vaters über die ersten zwei Jahre seiner Ehe, die habe ich gefunden und dann übersetzt. Das kann ja kein Mensch mehr lesen, jedenfalls meine Enkel nicht. Eine ganz schwierige Schrift auch. Ich habe es zum 90. Geburtstag meiner Schwester in ein Fotobuch übersetzen lassen, gebunden und ihr geschenkt. Sie war sehr erfreut darüber. Da war sie noch ganz gut beisammen. Erst mit 92 hatte sie einen Schlaganfall.

Gudrun, Ulrich, Klaus mit Anneliese

Meine Eltern heirateten1920. 1921 wurde die Schwester geboren und im März 1924 kam ich auf die Welt. Ich muss ein relativ schwieriges Baby gewesen sein, weil ich Pförtnerkrampf hatte.

Pförtnerkrampf

Den gibt es heute fast nicht mehr. Der Pförtner ist der Magenausgang. Es ist eine Krankheit, die hauptsächlich vererbt wird und besonders gravierend für Jungs ist. Bei Mädchen ist es nicht so schlimm. Die Krankheit tritt auch unterschiedlich stark auf. Bei mir wirkte es sich so aus: die Babys reagieren normal, kriegen ja ihre Muttermilch, die sich im Magen sammelt. Der Pförtner verkrampft sich und lässt keine Nahrung durch. Die Babys spucken die Nahrung wieder aus. Ich habe es bei meiner zweiten Tochter Ulrike erlebt. Die hat über zwei Meter weit gespuckt. Meine Frau – Ulrike war frisch geboren, drei oder vier Tage alt – hat gestillt, nimmt das Kind hoch, guckt ein bisschen, geht nicht weiter und die Kleine spuckt über das Bett. Alle drei Mädchen hatten das. Die zweite Tochter wohl am meisten. Bei unserem Sohn war es so schlimm, dass er in die Klinik musste.

Bei mir war es so, dass sie mich dann nach Jena in die Kinderklinik brachten. Da gab es einen Professor Ibrahim – ein Ägypter – der sich mit dieser Krankheit beschäftigt hat. Es wurde mir erzählt, dass sie mir die Muttermilch tröpfchenweise infiltriert hätten. Dadurch hätte ich überlebt. Ich bin dann durchgekommen. Ich war der ganze Stolz des Professors Ibrahim. Ich wurde alle Jahre bei ihm vorgestellt. Er hatte so schöne Spieltiere, einen großen Elefanten, da konnte man dran ziehen, da kam ein Ton raus. Der Professor war immer ganz stolz, dass ich mich so gut entwickelt hatte. Und diese Pförtnerleute, die sind im vegetativen Nervensystem sehr empfindlich. Das habe ich als junger Mann deutlich gemerkt. Nach dem Krieg – das muss noch in der Reichsmarkzeit gewesen sein, also vor 1948, 1947 muss das gewesen sein, da wurde ich nach Jena in die Klinik bestellt, in die Universitätsklinik. Ich wurde interviewt, die Akten waren noch da. Sie untersuchten mich nochmals und befragten mich, was ich so machte. Die Krankheit verwächst sich.
Wir hatten einen Vertreter, dessen Tochter studierte Medizin. Sie hat auf diesem

Gebiet gearbeitet. Es wurde später eine Methode entwickelt, bei der diesen Kindern der Ringmuskel zerschnitten wird. Das ist eine Operation. Als mein Sohn da war, habe ich es wieder gesehen. Er ist nach Bamberg gekommen. Dort haben sie ihm den Bauch aufgeschnitten – das ist so ein großer Schnitt – der Ringmuskel wurde durchtrennt und anschließend passiert dann nichts mehr. Die Kinder entwickeln sich normal. Bei mir ist es so gewesen, dass ich das nur in den ersten Wochen hatte, dann verlor sich das. Bei meinen Töchtern war es ebenso. Sie hatten starke Beruhigungstropfen bekommen bevor sie gestillt wurden, damit sich der Magen entspannt. Es geht auch ohne Operation. Aber beim Sohn ging das dann nicht mehr. Es soll mit jedem Kind stärker werden. Bei meinem Enkelsohn, also beim Sohn meines Sohnes, der das geerbt haben sollte, ist die Krankheit nicht aufgetreten. Auch von meinen Töchtern hat keine erzählt, dass sie Probleme mit ihren Kindern hatten.

Nazizeit

Erst in den letzten Jahren hat mich meine Einstellung, die ich als Kind während der Nazizeit hatte, interessiert. Es hat mich nie irgendwie bewegt. Erst jetzt komme ich darauf, weil mich jemand gefragt hat, wie ich das erlebt hätte. Das ist für alle sehr weit weg und nur noch Geschichte. Ich habe ja die Umzüge der eisernen Front der SPD erlebt. Viele Nazis – glaube ich – hatten wir in Kahla nicht, obwohl Thüringen der erste Staat in Deutschland war, der eine Naziregierung hatte. Die Thüringer haben auch den Adolf Hitler zum Deutschen gemacht. Er war ja Österreicher und ist in Thüringen eingebürgert worden. Ich kann mich noch sehr gut an den 30. Januar 1933 erinnern. Ich kam mittags aus der Volksschule. Wir hatten in der Nähe einen Schreibwarenhändler, der für die Kinder sein Zeug verkaufte. Er war ein bekannter Nazi, ein harmloser Kerl, nicht fanatisch. Er steckte eine Hakenkreuzfahne raus. Das ist unvergesslich für mich. Das waren aufregende Zeiten. Es wurde die nationale Bewegung, alle waren begeistert.

Eine große Sache war z.B. der erste Spatenstich für eine Autobahn in der Nähe von Jena. Da wurde nur mit Schippe und Karre gearbeitet. Die Leute kamen in Arbeit. Ich habe – 1930/1931 muss das gewesen sein – erlebt, wie die Bettler an die Haustüre kamen. Meine Mutter hat mir erklärt: „Weißt du, Geld will und kann ich denen nicht geben, aber sie kriegen jedes Mal, wenn sie kommen, ein Butterbrot von mir." Da waren manche dabei, die haben es nicht gewollt. Aber die meisten haben es schon gebraucht. Es muss eine verrückte Zeit gewesen sein. Ich habe erlebt, dass es Obstläden mit tollem Obst gab, und keiner konnte es kaufen, nur gegenüber von unserem Haus die Direktoren der Porzellanfabrik. Und ich besuchte die Frau von dem einen Direktor, die mich sehr gern gehabt hat, ab und zu als Kind mit 6 oder 7 Jahren. Dort bekam ich immer riesengroße Apfelsinen. Das war so besonders, das gab es bei uns zuhause nicht. Wir kriegten Äpfel. Äpfel habe ich mein Lebtag nicht gewollt, bis ich 85 wurde. Erst dann habe ich angefangen jeden Morgen Äpfel zu essen.

Schule und mehr

Ich wurde zehn Jahre und kam nach Jena in das Reformrealgymnasium. In dieser Schule wurde auch Latein gelehrt. Sie fingen aber mit einer modernen Fremdsprache – Französisch – an, was ich dann leider acht Jahre lang lernen musste. Wir haben außer Grammatik nur übersetzt vom Französischen ins Deutsche. 1934 erlebte ich noch, wie die politisch missliebigen Lehrer, die nannten sich früher noch Professor, nur drei Monate da waren. Dann waren sie auf einmal verschwunden. Es kam dann der Französischlehrer in SA-Uniform wieder in die Schule. Wir wurden mit den politischen Dingen konfrontiert. Für mich war das vor allem eine nationale Frage. Wir sammelten auch für die Winterhilfe.

Mit elf Jahren bettelte ich zuhause, denn ich wollte gerne ins Jungvolk. Damals musste man ja, das war ja modern, in die Organisation der Hitlerjugend von 10-14 Jahren. Freunde waren nicht das Wesentliche, ich wollte dabei sein, es war Mode. Da ich in Jena in die Schule ging, hatte ich in Kahla wenig Freunde. Ich kannte noch ein paar aus der Volksschule, die in die Volksschule weitergegangen sind. Aber ich wollte dabei sein. Das war mir wichtig. Und das habe ich mit großer Begeisterung gemacht. Das hat nicht lange gedauert, vielleicht 1/2 Jahr, dann gab es einen sogenannten Spielmannszug. Es gab Trommeln und Pfeifen. Angegliedert war ein

Fanfarenzug, das machten die Nazis noch dazu. Ursprünglich war der Spielmannszug eine alte Tradition in Kahla, der zum Vogelschießen spielte.

Klaus mit seiner Uniform des Jungvolks

Das war im Sommer ein Fest von der Schützengesellschaft, das von der SA übernommen wurde. Es gab später eine Jugendorganisation der NSKK *(Nationalsozialistisches Kraftfahrkorps)*, die Motor-HJ. Es gab natürlich einen SKK, einen Nationalsozialistischen Kraftcorps. Wir haben es übersetzt: Nur **S**äufer, **K**eine **K**ämpfer. Die SA wurde damit verspottet. Der SA-Führer von Kahla war der Schulleiter der Volksschule. Sein Schwiegersohn war auch beteiligt. Wir haben dann für alle möglichen Sachen wie Kundgebungen und Aufmärsche im Spielmannszug Musik gemacht, möglichst viel Krach, wenn Kirche war.

Mein Vater war sehr zurückhaltend. Er war Liberaldemokrat und von Hause aus nicht sozialdemokratisch, sondern sozial eingestellt – zum großen Entsetzen meines stockkonservativen Großvaters. Aber mein Vater war stark gegen die ganze Entwicklung der Nazis. Ich kann mich noch gut erinnern, das muss 1934 im Sommer gewesen sein, wo die SA-Führer umgebracht worden sind, weil die SA-Führung versucht hat, eine quasi Armee aus der SA zu formen. Da hat dann die SS das Kommando übernommen. Die SA waren keine Kämpfer mehr, sondern wurden bürgerlich. Aber es wurde schon von KZ gemurmelt hinter versteckter Hand. Ich habe es durch einen Schulkameraden mitbekommen, dessen Vater Polizist in Kahla war. Er hatte – ich war damals 14, 1938 muss das gewesen sein – einen etwa sechs Jahre älteren Bruder. Der war bei der SS. Er hatte mir erzählt, dass der Bruder in Buchenwald ist und zwei kleine Pistolen mit nach Hause gebracht hat. Die eine war eine sog. Damenpistole mit 6,35 Kaliber und die andere war eine Walter ppk 765. Die lagen zuhause herum. Die Waffen hat mir der Klassenkamerad gezeigt. Das hat mich sehr beeindruckt. Die beiden habe ich nach dem Krieg wieder erlebt. Sie waren beide Zahnärzte geworden. Der eine hat es bei der SS überlebt. Dann hatte ich wieder Glück, dass ich im sog. Jungvolk war, das waren also diejenigen Jungs von 10-14 Jahren. Ab 14 Jahren gab es dann die Hitlerjugend. Als ich 14 wurde, also 1938, war ich der Leiter des Spielmannszugs geworden und blieb beim Jungvolk. Insofern erlebte ich nie die richtige Hitlerjugend. Ich habe die Gemeinschaft sehr intensiv erlebt – Geländespiele und Marschieren und pfadfinderartig in Jugendherbergen übernachten und dann natürlich Politikunterricht – Wehrunterricht nannte man das. Später interessierte mich die Motor-JH sehr, da wollte ich hin. Die hatten so kleine DKW-Krafträder. Mein Vater hat mich irgendwie abgebremst. Er hat mir – als ich so 12 war – ein Fahrrad verschafft. Einen Teil habe ich mir selber erspart. Er ist mit mir zum Fahrradhändler gegangen. Er hat mich sehr beeinflusst, obwohl er sonst keine Zeit für mich hatte, da er ja für den Betrieb arbeiten musste. Und da kriegte ich ein Fahrrad. Da konnte ich die 15 km mit dem Fahrrad zur Schule in Jena fahren.

Da gab es noch ein Lyzeum, in dem meine Schwester ein sog. Puddingabitur machte mit einer Fremdsprache weniger. Wir hatten kurzfristig 1/2 Jahr Englisch, so in der Tertia ging das los, da kam die 2. Fremdsprache. Das war aber nur 1/2 Jahr und dann wurde Englisch wieder abgesetzt und wir bekamen Latein. Das hat mich zunächst stark frustriert, das ist zunächst erstmal Lernsprache, dann de bello gallico (Cäsar) –

ein fürchterliches Latein und immer nur übersetzt und nie gesprochen. Und im letzten, im achten Schuljahr haben wir Ovid gelesen. Das war für mich eine Musik in der Sprache. Das habe ich nur noch einmal erlebt, viel später, da war ich schon 40, 50 vielleicht. Wir hatten in der Mormonengemeinde in Coburg eine Frau, die kam aus Polen. Es kamen Verwandte oder Bekannte mir ihr, die polnisch sprachen. Ich stand daneben, das ist so eine melodische Sprache. Wenn man die lesen will, das ist fast unmöglich. Aber die Sprache ist wunderschön. Sie ist mir heute noch im Ohr. Diese beiden Spracherlebnisse haben mich immer neidisch gemacht für Fremdsprachen, ich habe es aber nie geschafft, Fremdsprachen zu beherrschen. Gelernt habe ich Englisch mit den Amerikanern, die zu uns in die Firma kamen und Porzellan kauften.

Krieg

Dann kam der Krieg. Er hat in unserem Haus nicht freudig angefangen, eher sehr bedrückend, was wird nun werden. Eine Siegesfanfare nach der anderen, 1939 Polen in ein paar Tagen erreicht, das Nationale überspielte das Politische. Mein Vater wurde im Sommer 1940 mit 45 Jahren einberufen, weil er Offizier gewesen war. Er war Leutnant.

Das ist auch eine interessante Episode – 1938 war die Tschechienkrise, da haben die Tschechen mobil gemacht. Und mein Vater bekam die Einberufung ins tschechische Militär. Er hatte sich 1920, als er sich verlobt hatte, naturalisieren lassen – so hieß das – er hatte die österreichische Staatsangehörigkeit während des 1. Weltkrieges, deshalb war er auch in dieser Armee. Als er dann nach Deutschland geheiratet hatte, ging das dann ohne große Schwierigkeiten, wahrscheinlich hat sein Schwiegervater, also mein Großvater, geholfen, und war dann deutscher Staatsangehöriger. Aber die Tschechen haben das nie anerkannt und nahmen ihn 1938 zum Wehrdienst in der tschechischen Armee. Ich sehe die Karte noch heute vor mir: Das war eine Postkarte mit seiner Adresse. Zuhause wurde dies überhaupt nicht weiter erwähnt. Mein Vater war übrigens überzeugter Antinazi. Er hatte ja viele Beziehungen zu gebildeten Menschen in Jena. Der eine war Rechtsanwalt, der andere hatte eine Fabrik für

Messwerkzeuge und ein weiterer eine kleine chemische Fabrik. Sie trafen sich einmal in der Woche im Bären, dem Hotel in Jena. Der Rechtsanwalt, den der Vater kannte, war Jude, ihm hat er 1936/37 zur Auswanderung verholfen.

Die Vereinigung hieß übrigens Schlaraffia, die gibt es heute noch – glaube ich. Die Verbindung war so altertümlich mit Ritter und Ritterfrauen und Burg Jena, die kriegten alle ihre eigenen Namen. Jedenfalls war der eine Rechtsanwalt Jude und hatte auch eine jüdische Frau. Ich bin ziemlich sicher, dass mein Vater den beiden 1936 zur Flucht, zur Auswanderung verholfen hat. Das ist sicherlich der einzige gewesen, der sich da engagiert hat. Aber er war immer sehr vorsichtig. Er war sich bewusst, dass er sehr gefährdet war, wenn …

Die Bevölkerung hat von den Vorgängen der Nazis gewusst, zumindest geahnt. Ich kann mich erinnern: Wir hatten Verwandte auf dem Thüringer Wald, da kommt mein Großvater her. Wir sind mal in ein kleines Dorf gekommen, nach Gösselsdorf, das ist oberhalb von Kirchspiel-Großneuendorf. Da wohnte eine Cousine 2. Grades meiner Mutter. Sie haben wir besucht und sind da oben Ski gelaufen. Das ist ja ziemlich hoch, es gab immer viel Schnee im Winter. Wir sind jeden Winter mit den Brettern unterwegs gewesen. Wir besaßen auch ein Auto, erst einen großen Ford und dann einen kleinen Ford Eifel Cabrio. Das Cabrio habe ich nach dem Krieg noch gefahren. Mein Vater hat sich mit dem Mann der Cousine angefreundet. Die waren sich beide einig in ihrer Einstellung gegenüber Hitler. Ich kann mich noch erinnern, wie sie miteinander zusammenhockten und sich über die Legion Kondor unterhielten. Die Deutschen haben 1936 war das – glaube ich – in Spanien ihr Kriegsgerät ausprobiert. Das war damals top-secret. Erst als das vorbei war, durften die in Berlin paradieren, das war dann schon 1938 – soviel ich weiß. Also mein Vater hat viel gewusst, weil er erstens eine französische Zeitung las – die hatte er abonniert, die kriegten wir sogar noch Anfang des Krieges – und zweitens heimlich London hörte, das durfte aber keiner wissen. Wir wussten es natürlich alle, haben aber nichts gesagt. Das war einfach Leben, dass man da nichts gesagt hat. Es ging auch um die Größe der Hakenkreuzfahne, die jedes Mal rausgehängt wurde, wenn was war. Unsere war immer zu klein. Dann wurde er mal angeschwärzt von einem Betriebsangehörigen. Hier wurde auch viel denunziert. Das hat ihn ziemlich genervt. Das ist vor uns Kindern versteckt worden. Ich habe auch erlebt, wie die

Judengeschäfte – wir hatten zwei oder drei Geschäfte von Juden in Kahla im Stadtinnern – beschmiert worden sind, wo die SA-Leute davorgestanden haben. Ich habe aber nicht erlebt, wie die Juden da herausgeholt worden sind. Das ist aber vorgekommen. Wir wohnten außerhalb von Kahla und im Grunde hat jeder gesagt, es betrifft mich ja nicht. Das war die Einstellung. Hauptsache wir kommen zurecht. Und alle sind froh gewesen, dass es wirtschaftlich wieder besser ging.

Urlaub an der Ostsee – Vater Cutik mit seinen drei Kindern

Wir sind ab 1934 jedes Jahr in Urlaub gefahren. Ich gehörte also – das habe ich von Anfang an gesagt – zu einer privilegierten Schicht. Wir wohnten auf halber Höhe mit Blick über die Stadt. Dort hat sich mein Vater 1927 sein Traumhaus gebaut. Da ging die Straße ziemlich steil runter. Beim Bach, der aus einem Nebental kam, der in die Saale floss – Kahla an der Saale heißt es ja eigentlich – waren Arbeitersiedlungen von der Porzellanfabrik, ganze Reihen von großen Mietshäusern. Natürlich waren da viele Kinder, mit denen habe ich zusammengespielt. Ich bekam also früh, bevor ich zum Spielen ging, ein Butterbrot mit. Die anderen Kinder hatten immer Brot dick mit Margarine bestrichen und Zucker darauf. Wir haben immer getauscht. Meine Mutter hat das nie erfahren. Es hat so schön geknirscht zwischen den Zähnen und es war so dick mit Margarine, es hat so gut geschmeckt. Und die Kinder haben sich gefreut, dass sie mal Butter kriegten. Das war der soziale Unterschied, den ich erlebt habe.

Mutter mit den Kindern Ulrich, Klaus und Gudrun zusammen mit Anneliese Tölle (Ibiza-Haus) am Sandstrand

Um unser Haus konnte man herumlaufen, ein 1000 Quadratmeter Grundstück, da konnte man spielen. Abends wurde dann immer ein Fangspiel veranstaltet. Später rief mich mal eine Frau an. Sie erinnerte sich noch immer daran mit weit über 60 Jahren, dass sie bei uns im Haus so freundlich aufgenommen worden ist. Wir waren ja die Vornehmen und die Häuser, die um uns drum herum waren, das waren einmal Lehrer, dann waren es zwei Bauernhöfe, die hatten auch Mieter, der eine war Porzellanmaler. Von der Sozialstruktur her war ich privilegiert. Daneben auch die gute Schulbildung mit Abitur ohne eine mündliche Prüfung zu absolvieren. Wir haben nur geschrieben. Jedenfalls habe ich im Februar in der 8. Klasse mein Abitur gehabt. Es war ja völlig uninteressant, es war ja Krieg. Uns konnte ja gar nichts passieren. Und ich habe meine Einberufung schon Ende Februar 1942 bekommen, da war ich noch 17 Jahre alt.

Mein Vater war schon in Weimar in einem sog. Rüstungskommando tätig. Seine erste Einheit war eine Baukompanie, die nach Finnland gebracht wurde. Den tiefen finnischen Winter haben die Soldaten erlebt.

Ich bin richtig freudig und erwartungsvoll nach Gotha gefahren. Nachdem sie uns vier Wochen lang das Laufen beigebracht hatten, gab es den ersten Heimaturlaub, also Wochenendurlaub. Ich bin von Gotha nachhause nach Kahla gefahren. Am Sonntagabend musste ich wieder in die Kaserne. Ich habe im Zug gesessen und geheult. Da ist mir erst klar geworden, dass ich von zu Hause weg war. Das war Abenteuer, das war Freiheit, keine Schule mehr, das war toll. Es ging ganz normal zu. Wir hatten ein Viertel Jahr Ausbildung. Wir wurden auf einen Zug verladen, das war eine Flakbatterie mit Zweizentimetergeschützen. Die konnte man wie einen Handwagen ziehen. Bisschen schwerer war es schon. Wir wurden an die Grenze zwischen Belgien und Frankreich an einen Flugplatz transportiert. Dort kam manchmal ein englisches Aufklärungsflugzeug. Sie wussten nicht, dass wir in Stellung waren. Da durften wir das erste Mal schießen. Wir haben natürlich nicht getroffen. Und im Sommer 1942 ging der Russlandkrieg los. Jedenfalls die Batterie wurde dann nach Russland verlegt und wir waren drei Abiturienten, die sofort Offiziersanwärter wurden. Wir wurden nach Leipzig kommandiert und auf die Flakbatterien im Raum Leipzig-Merseburg-Halle verteilt. Dort war ich bis Herbst 1944. Wir lebten meist in Baracken neben unseren Geschützen. Die Zweizentimetergeschütze schossen nur 2 000 m maximal und die Amerikaner kamen in Pulks mit 35, 36 Maschinen, viermotorige Bomber waren das, die dann Halle oder Leuna bei uns angriffen. Die Nachtangriffe auf Leipzig sahen wir nur von Ferne leuchten, da waren wir nicht beteiligt. Wir hatten die Tagesangriffe. Jedes Mal, wenn in Leuna ein Schornstein rauchte, kamen zwei Tage später die Amerikaner und bombten es wieder aus. Wir kriegten ab und zu auch eine Bombe in die Nähe, aber nie was Ernstliches. Nur einmal war ich im Lazarett. Ich hatte irgendeine Krankheit. Da war ich im Ort Leuna und es gab Fliegeralarm. Da war ein Bombenangriff und ich war in Unterständen. Dort waren auch Kinder mit drin, es knallte – ich war draußen – natürlich muss man sich als Soldat das anschauen – da knallte die Bombe in ein Umspannwerk. Es fiel in sich zusammen. Ich bin zu Boden gegangen, aber es ist mir nichts passiert. Als ich dann herauskam, war einer der Kameraden im Splittergraben umgekommen. Das war das einzige Mal, wo es für mich gefährlich war. Wenn wir in unseren Einmannlöchern waren – die waren so groß, dass ein Mann gerade reinpasste, ziemlich tief, dass wir soweit rausguckten und wenn irgendwas kam – duckten wir uns und es ging der Angriff über uns hinweg. Wenn es ganz schlimm werden sollte, musste die Bombe direkt in so ein Loch fallen, das war so gut wie unmöglich. Insofern hatte ich keinen gefährlichen Job.

Wir hatten sehr viele verschiedene Soldaten oder Luftwaffenhelfer und russische Hilfswillige, die bei uns eingesetzt waren. Das ging erst los mit Männern, die alle Familienväter zwischen 39 und 43 Jahren alt waren, mit uns drei Offiziersanwärtern als Vorgesetzte mit 19 Jahren. Ich war damals 19 Jahre alt. Wir waren dumme Jungs im Grunde, aber wir waren deren Vorgesetzte. Wir haben uns bestens verstanden. Die meisten Soldaten wurden wieder an die Front abkommandiert, soweit sie nicht ganz krank waren.

Zu einem Geschütz gehörten vier, fünf Leute – für jeweils drei Geschütze noch ein Waffenwart und Messtechniker. Für ein Geschütz war nur ein Vorgesetzter, also ein Geschützführer und ein Richtkanonier, alles andere waren dann Luftwaffenhelfer, die hatten bei uns auch Schule, die kamen aus Grimma vom Gymnasium. Dann hatten wir ungefähr zehn Russen als Hilfswillige. Die bekamen eine andere Verpflegung, aber haben sich bei uns sehr wohl gefühlt, weil sie selber kochen konnten und relativ sicher waren. Dann erhielten wir Geschütze, das waren nicht nur Solo – also eine Waffe, sondern vier Stück zusammen. Warum die bei uns eingesetzt worden sind, ist mir bis heute noch rätselhaft, weil da nie ein Tiefangriff war. Hatten die gar nicht nötig und auch auf die Entfernung ging das nicht. Das sind ja beim Militär Dinge, die man nicht nachfragt. Wir haben das eben mitgemacht. Wir haben den 20. Juli 1944 mitgekriegt. Wir mussten den Nazigruß machen und nicht mehr die Hand an die Mütze legen. Wir haben drüber gelächelt, haben überlebt und haben immer zu essen gehabt. Die Älteren hatten immer zu rauchen und ich – mit meinen zugeteilten Zigaretten – immer Butter oder Margarine, meist war es Margarine. Wir waren gut ernährt. Wir hatten keine Ernährungsprobleme.

Im Sommer oder Spätsommer 1944 kam ein Erlass, dass man sich freiwillig zur SS melden durfte. Wir waren zu dritt – jeweils 20 Jahre alt – zusammen in einer Batterie und haben gesagt: „Das Wache stehen haben wir jetzt satt." Wir mussten ja immer vier Stunden abwechselnd Wache stehen, wir wollten jetzt was erleben. Und das ist typisch für unsere Einstellung – politisch völlig uninteressiert kann man nicht sagen, aber unbedarft. Wir wollten Abenteuer erleben. Wir haben uns – das musste schriftlich geschehen – also hingesetzt und der SS geschrieben. Es dauerte vielleicht eine Woche, da wurden wir zum Batteriechef bestellt – das war also was Besonderes, da musste man schon was verbrochen haben, und zwar alle drei – nein – nur wir zwei, ich mit meinem Freund Wetzel. Den anderen mochte der Batteriechef nicht, der hat sich immer krankgemeldet und hatte Weibergeschichten. Wir wussten nicht wie eine Frau aussah, so im Grunde. Die Frauengeschichten gab es für uns Jungs überhaupt nicht. Das habe ich erst nach dem Krieg kennengelernt. Ich komme zum Chef, Oberleutnant Weber hieß der, ein Lehrer aus der Eifel, Westdeutschland, ein ganz feiner Kerl, und der ist m.E. politisch auch nicht so astrein, denn er ist nie befördert worden, der war immer Oberleutnant für uns. Das ist selten in vier Jahren Krieg. Den habe ich von 1942 bis 1945 erlebt. „Gut und ihr habt euch zur SS gemeldet." „Ja", sagen wir, „wollen endlich mal was erleben, Wache stehen machen wir nicht mehr". Da sagte er: „Also ich will euch jetzt was sagen, was ich eigentlich nicht tun darf, aber in spätestens vier bis sechs Wochen werden wir umgerüstet. Wir kriegen wieder Solowaffen." Die Vierlinge, die wir hatten, waren im Boden fest verankert und im Beton festgeschraubt. „Wir bekommen KFZ's und da werden die Soldaten, die noch da sind, zusammengefasst. Wir kommen als Batterie an die Front." „Och", haben wir gesagt, „wenn das so ist, dann bleiben wir da". Er hat die Zettel, die wir geschrieben hatten, zerrissen.

Ich bin ihm heute noch dankbar dafür. Das hat auch gar nicht lange gedauert. Im September kamen die LKW's, so 3-Tonner, das waren Renaults – Beutewagen aus Frankreich. Sie hatten Holzvergaser drangebaut, Benzin gab es ja so schwer. Es wurden unsere Geschütze drangehängt. Wir wurden verladen und kamen ins Emsland, also ganz nach Nordwesten. Da war ein Flugplatz, da waren die ersten Turbojäger installiert. Die Arado 196 hieß die, glaub ich. Jeden früh um 9 Uhr flogen die nach den Shetland Inseln. Das ging sehr schnell. Die hatten Überschallgeschwindigkeit, so um die 1000 Stundenkilometer flogen die, um Wettererkundungen zu machen. Wenn die nach Hause kamen, hatten sie im Gegensatz zu den Messerschmitt mit Propellerantrieb, die ME 109, eine sehr lange Anflugstrecke wo sie praktisch verwundbar waren. Sonst waren die so schnell, dass sie völlig unverwundbar waren. Die Engländer oder Amerikaner – wie auch immer – wussten das. Die waren ja damals schon 1944 in Holland, konnten also relativ schnell herüber. Es gab auch viele Jago-Angriffe. Wo Flak war, sind sie nicht runter gegangen. Sie hatten vor unserer Flak viel Angst, obwohl ich das nicht nachvollziehen konnte. Wir haben nie was Richtiges getroffen. Einmal! Ja, das ist ja so primitiv. Da war so ein kleiner Schirm drauf, ein Zielgerät war das, da konnte man nachsteuern. Es wurde eingegeben, wie schnell die Maschine war. Aber die kam so schnell, das konnte man gar nicht so schnell eingeben, also technisch. Wir hatten für jedes Solo-Geschütz drei Ersatzrohre – nie gebraucht. Es wurde ja nicht geschossen. Gut, wenn diese sehr handlichen Geschütze im Einsatz waren, da wurde natürlich viel damit geschossen. Wenn die dann heiß waren, mussten sie ausgetauscht werden. Das nur nebenbei.

Wenn diese deutschen Turbojäger nach Hause flogen, dann wurden sie aus den Wolken heraus angegriffen und beim Anflug auf den Flugplatz abgeschossen. Da wurden wir dann als Flak (*Flakartellerie – Flugabwehr*) eingesetzt. Das war nichts weiter als Schutz, und dann war wieder Ruhe. Es kam der November und die Ardennenoffensive in der Eifel. Ich lese jetzt ein Buch darüber. Es wird der ganze Krieg anhand der Ardennenoffensive aufgearbeitet. Ich habe es gelesen und ich habe es wieder auf die Seite gelegt. Aus dieser Sicht habe ich dieses Ereignis nicht erlebt.

Klaus – Mitte – bei der Flugabwehr

Es war insofern schön, weil wir auch dort wiederum zum Straßenschutz gegen die Amerikaner eingesetzt waren. Sie hatten 1944 absolut die Lufthoheit. Auf den Straßen gab es tagsüber überhaupt keinen Verkehr. Da war nichts. Da waren nur die Jabos, das waren die Amerikaner mit ihren Propellermaschinen. Einmotorige Jagdflugzeuge flogen Patrouille. Wenn sie irgendwo jemanden sahen, und wenn es eine Einzelperson war, haben die mit ihren Bordwaffen geschossen. Sobald es dunkel wurde, war für die Amerikaner der Krieg zu Ende. Sie fingen erst früh um 9 Uhr wieder an. Nur in Vollmondnächten kamen die Engländer mit ihren Doppelrumpfmaschinen – auch so Jäger. Vollmond ist gute Beleuchtung. Wir haben manchmal geschossen, aber auch nicht viel. Die LKW's waren in Scheunen versteckt. Wir haben unsere Geschütze aufgebaut, das war so ein Dreibein und bisschen Wall drum rum mit Munitionskästen und nebendran legten wir uns ins Zelt. Dort verbrachten wir den ganzen Eifelwinter bis zum Ende Februar im Zelt.

1943 – Klaus im Alter von 19 Jahren

Das war herrlich. Es lag mindestens ein Meter Schnee. Wir hatten als Zelte nur die Dreieckzeltbahnen, die aneinander geknöpft wurden. Wir waren zu sechst an so einem Geschütz dran mit allem Pipapo. Wir hatten einen Graben angelegt und eine Ausbuchtung, die war so tief wie der Graben. In diese Ausbuchtung wurde der Ofen reingestellt und das Abgasrohr vom Ofen ging durch die Erde nach außen hoch. Der Ofen wurde befeuert, Holz gab es genug. Das Zelt war dann über diesem Graben.

Und was rechts und links von dem Graben war, war ca. 50 cm hoch, da konnte man sich reinlegen. Wir Soldaten haben ja alles organisiert – irgendwo kriegten wir das her, ich hatte u.a. eine ungarische Pistole und ein amerikanisches Schnellfeuergewehr ohne Munition und einen deutschen Karabiner 98 K mit Automatik, der brauchte nicht mehr geladen zu werden, der schoss automatisch, das war die neueste deutsche Waffenentwicklung. Die habe ich mal in Kahla gelassen. Unfug habe ich als Junge gemacht.

Na jedenfalls haben wir den Winter prächtig überstanden. Und wie gesagt, wo wir waren, haben die Jabos (Amerikaner) nicht angegriffen. Wenn wir Stellungswechsel vollzogen, da haben wir mal schießen dürfen. Das war alles. Die Verpflegung ging. Wir waren immer so ein, zwei km hinter der Hauptkampflinie. Die eigentliche Ardennenoffensive war im Herbst bis November 1944 hinein. Vorher waren wir noch am Stadtrand von Düren. Da hatte ich allerdings mal Angst. Ich habe den Tagesangriff auf Düren erlebt. Das ging früh um 9 Uhr los. Es waren englische zweimotorige Maschinen, die fingen am Westrand an und hörten am Ostrand auf. Wir lagen am Ostrand von Düren etwa so 100 m von den letzten Häusern entfernt. Bei den letzten Häusern haben sie aufgehört ihre Bombenteppiche zu legen. Das war das einzige Mal, wo ich Todesangst hatte. Da war nur Rauch, Bomben, Krach. Düren war komplett zerstört. Wir haben noch nicht einmal mehr die Straßen wieder gefunden. Völlig zerstört. Das war eine ganz schlimme Sache. In der Eifel haben wir nicht nur Straßenschutz gemacht, sondern da waren die Abschussrampen für die V1. Die V1 war eine fliegende Bombe, ein kleines Segelflugzeug, eine Bombe mit dem Leitwerk hinten dran und obendrauf ein Rückstoßmotor. Die wurde von einer Schleuderbahn gestartet wie bei Segelflugzeugen mit Gummizug. Wenn das funktionierte, da flogen sie etwa in 150 m Höhe tuck, tuck, tuck. Das war ein Rückstoßmotor und sie flogen dann rüber – ob die ferngesteuert wurden, glaub ich noch nicht einmal. Das war eine reine Zerstörungswaffe. Sie hatte allerdings die Eigenschaft, dass die Steuerung manchmal nicht funktionierte und dann kamen sie zurück. Aber sie sind nicht explodiert. Ich habe es nur bei zweien erlebt. Eine war sehr weit weg und die andere ist bei uns in der Nähe runter gegangen, ist aber nicht explodiert. Die war offensichtlich auch nicht scharf – wie auch immer – ich weiß es nicht. Das war schon unangenehm. Wir haben die V1 kennengelernt.

Was auf mich noch einen ganz großen Eindruck machte, war der Todeskampf der deutschen Luftwaffe. Wir waren im Winter dort in Stellung und haben den Sylvester Abend natürlich mit Schnaps gefeiert. Am 1. Januar morgens um 8 Uhr, es war gerade hell geworden, kommt in breiter Front die deutsche Luftwaffe angeflogen, etwa in 500/600 Metern Höhe, also nicht so sehr hoch, alle Maschinentypen, die es überhaupt nur gab, außer dem Fisler Storch, der war zu langsam. Es waren Sturzkampfbomber dabei, waren Messerschmidt Jäger, also die letzte Reserve. Ich glaube nicht, dass da viele zurückgekommen sind. Im Wehrmachtsbericht stand dann, in Frankreich hätten sie einen großen Luftanschlag durchgeführt und hätten Flugplätze angegriffen, zerstört usw. Waren also ganz stolz. Es war das letzte Aufbäumen der Göring'schen Luftwaffe, dann war Feierabend.

Die Amerikaner hatten in der Eifel eine ziemliche Schlappe erlitten – das war sehr blutig. Ich habe das jetzt in dem Buch festgestellt. Es sind etwa so viel Amerikaner gefallen wie Deutsche. Es waren übrigens SS-Divisionen eingesetzt. Sie umgingen uns sozusagen. Wie die Front zurückgenommen wurde, wurden wir auch zurückverlegt, immer irgendwo an einer Straße wieder Geschütze aufgebaut, das ging ja flink. Irgendwann im März waren wir dann am Rhein und kamen ins Siegerland. Wir sind über den Rhein gekommen – das war nachts, denn nachts haben wir immer geschlafen. Ich brauchte ja nicht aufzupassen, vorne war einer, der den LKW gefahren hat. Da waren wir dann in Solingen-Wald. Es löste sich der ganze Laden auf. Die Amerikaner waren bei Remagen über den Rhein gekommen über die noch unzerstörte Brücke und fingen dann an entlang der Autobahn Deutschland zu besetzen. Wir sind bis Mitte April dort gewesen. Es standen massenhaft kleine Autos, Privatwagen, am Straßenrand, sie waren zerstört, also nicht fahrbereit. Es gibt im Verteiler einen Finger, der die einzelnen Kontakte für die Zündung gibt, den Finger haben die immer rausgenommen. Dann lief der Motor nicht mehr.

Und ich war mit meinem Freund Wetzel wieder zusammen. Wir sagten: „Wir gehen jetzt heim." Und wir sind zum Oberleutnant Weber, dem Batteriechef gegangen und sagten: „So – der Krieg ist für uns zu Ende, wir gehen nach Hause". „Ja", sagte er, „alles Gute, tschüss".

Gefangenschaft

Wir besorgten uns Zivilkleidung. Ich hatte eine alte schwarze Hose und was drüber, hatte einen Kanten Brot und ein Stück Fleisch, also Schinken. Wammerl heißt das in Bayern. Wasser hatten wir auch. Wir liefen dann durch den Wald – das müsste ich auf der Karte jetzt nachsehen. Wir sind immer nach Osten gelaufen, wir wollten ja nach Thüringen. Willi W. war aus Gera und ich aus Kahla. Wir sind jeden Tag ungefähr 30 km gelaufen. Die Schuhe, die wir hatten, waren also sehr schlecht. Als ich dann in Kahla ankam, wurde alles, was ich auf dem Leib hatte, weggeworfen. Es war a) verlaust und b) kaputt. Wir sind nur Waldwege gelaufen, keine Straßen, da waren ja die Amerikaner mit ihren Fahrzeugen und fuhren Streife.

Es war Mittagszeit, wir hatten dagesessen und was von unserem Brot gegessen, noch einen letzten Happs wohl, da hörten wir Schüsse aus dem Wald. Wir sind erschrocken. Da war so ein Hang, da sind wir aufgestanden, hochgelaufen und den Amerikanern direkt in die Arme. Es war das Echo, was wir gehört hatten. Ich hatte noch eine Pistole im Hosenbund, die habe ich noch durch das Hosenbein rutschen lassen bevor ich die Hände hochgenommen hatte, die Amerikaner haben mit den MP's rumgefuchtelt. Sie liegt heute noch im Wald. Die Amerikaner haben uns in ihren Jeep geladen und nach irgendwo gefahren. Sie sperrten uns in ein Feuerwehrhaus. Sie verhörten uns, das ist mir unvergesslich. Ich war damals im März 21 Jahre alt geworden. Sie hatten beim CIC auch Frauen als Offiziere eingesetzt. Ich wurde da reingeführt. Das Soldbuch hatten wir auch weggeworfen. Wir wollten nichts mehr damit zu tun haben. Das hört sich alles blöd und dumm an, ist halt so gewesen. Da saßen drei Leute und eine Frau, toll geschminkt, war ich nicht gewohnt. Ich musste sie fürchterlich angestarrt haben. Da hat mir einer von den Soldaten eine geschmiert. Da kam ich wieder auf den Boden der Tatsachen zurück. Die amerikanischen Soldaten verhörten mich, woher ich kam und was für Waffengattungen usw. Dann haben sie uns nach Bad Hersfeld gefahren. Sie hatten Doppelachser-LKW's, so Dreitonner, tolle Fahrzeuge, aber sie fuhren sehr langsam. Wenn da ein Berg war, machten sie höchsten 25-30 km/h. Es war noch ein Feldwebel dabei, der älter war als wir und aus München stammte. Der sagte: „Wisst ihr was, der fährt jetzt so lange, ich hüpf hier wieder runter." Ich sagte: „Sei vorsichtig, der hat vorne eine MP". „Ach das macht mir nichts. Das mach ich schon." Der ist runter gehüpft und die Amis hat das gar nicht gestört. Der ist nach München gekommen ohne in die Gefangenschaft zu geraten. Uns haben sie in Hersfeld in einem Camp – praktisch haben sie uns auf einer Wiese – ausgeladen. Um die Wiese herum waren Riesenstacheldrahtrollen. Alle Heeres- und Wehrmachtsangehörigen, gleich welcher Gattung, welcher Formation, wurden eingesperrt. Es gab nichts, nur Regen, Nässe, Kälte, es war April. Es waren viele dabei, die in Schreibstuben beschäftigt und schlecht ernährt waren. Wir waren gut beisammen, jung, 21 Jahre. Uns hat das nicht so sehr viel ausgemacht. Aber es gab viele, die krank waren, die hatten Magenprobleme – die wurden durch das Hungern wieder gesund. Es gab nichts zu essen, kaum zu trinken. Manche sind dann durchgedreht, sind gegen den Stacheldraht gerannt und wurden erschossen. Es war eine ganz böse Zeit. Die Amerikaner hatten effektiv nichts, womit sie die Leute ernähren konnten. Sie waren überrascht, was da nun alles zusammenkam. Diese Wiese lag in einem Dreieck von Autobahn- und Bahnstrecke.

Am vierten Tag bekam jeder eine Kilodose fettes Schweinefleisch. Die Unvernünftigen, das waren viele, die nicht trainiert waren wie wir, klopften die Dose mühsam mit einem Stein auf. Büchsenöffner gab es natürlich nicht, Messer hatten sie uns abgenommen. Irgendwie kriegten wir die Dosen auf, machten dann auch Feuer. Ich habe dort dieses Schweinefleisch heiß gemacht und die Brühe getrunken. Die meisten haben es roh gefuttert und haben Ruhr gekriegt. Es war fürchterlich. Ungefähr nach einer Woche kam ein Zug mit Güterwagen angefahren, geschlossenen Güterwagen, 40 Mann rein und Fahrt nach Bad Kreuznach. Dort war ein berühmtes Gefangenenlager von den Amerikanern. Die amerikanischen Soldaten haben die Weinberge platt gewalzt, Stacheldraht rumgezogen und die Gefangenen – allerdings dieses Mal sortiert – reingepackt. Ich war bei den Unteroffizieren, weil ich Fähnrich war. Die Offiziere hatten sie extra, die Mannschaften hatten sie extra und sie sortierten nach Nationalität. Da waren die Russen extra und die Franzosen extra usw. Sie haben uns halt liegen lassen. In diesem Tal fuhr die einzige intakte Bahnlinie von Frankreich nach Deutschland. Es war die Lebensader für die Versorgung der amerikanischen Truppen. Sie versorgten natürlich zuerst ihre Truppen. Die Gefangenen bekamen zunächst drei Tage überhaupt nichts, später diese Zweimannpakete. Da war wirklich alles drin von Butter, Fleisch und Brot – das Pappbrot, von Zigaretten bis Klopapier und Streichhölzer und was man sich denken konnte. Es war komplett. Es war für zwei Mann gerechnet, aber es bekamen 30 Mann. Es wurde unter Argusaugen alles genau verteilt. Da sind wir vor Hunger ohnmächtig gewesen und ein Teil hat das nicht durchgestanden. Wir hatten Vitamin-C-Mangel, die Zähne haben geblutet, Skorbut gekriegt und das war ja dann schon um den 10. Mai. Die ersten jungen Disteln trieben aus, die wir dann roh gegessen haben. Am Tag darauf waren die Zähne wieder fest. Das ist mir unvergesslich. Ich hatte während des Krieges keine Angst, nur ein einziges Mal bei diesem Bombenangriff. Aber es war immer irgendwie ein Überleben und wenn man überlebt hat, war man zufrieden.

Wir versuchten mal auszubrechen. Wir erreichten aber nur das nächste Camp. Dort zogen sie uns eins übern Kopf. Wir sind wieder zurück. Wir haben schon dummes Zeug gemacht, aber es ist uns im Grunde nichts passiert. Nach 14 Tagen wurde es etwas besser. Ende Mai war es so, dass wir zu sechst ein Zweimannpaket Proviant bekamen. Das war dann schon ausreichend. Und zum Schluss, es ging dann bis Ende Juni, hatten die Amerikaner eine Bäckerei aufgebaut. Da gab es auch das berühmte Weißbrot. Es wurden Verwaltungen eingerichtet. Da wurde sortiert nach Leuten, die aus dem Osten kamen, also aus der sowjetisch besetzten Zone. Sie schickten sie nach Frankreich zum Arbeitseinsatz. Die Franzosen nutzten die Männer nach Strich und Faden aus. Die Gefangenen sind erst viel später aus der Gefangenschaft nach Hause gekommen. Die Gefangenen aus der amerikanischen und der englischen Zone wurden entlassen, wenn sie nicht irgendwas auf dem Kerbholz hatten. Das wurde vom CIC sortiert. Wir aus Thüringen und Sachsen hatten einen Sonderstatus, da die Amerikaner zu der Zeit Besatzungsmacht waren. Sie wussten damals schon, dass das Gebiet an die Russen fällt. Etwa am 25. Juni erhielt ich meine Entlassungspapiere und wurde nach Thüringen geschickt. Das machten sie noch zwei Tage lang. Ein Schulfreund von mir, ein Klassenkamerad war im Offizierslager. Er ist einen Tag später entlassen worden und hat es dann nicht mehr geschafft, wurde von den Russen in Erfurt übernommen und war noch zwei Jahre in Russland.

Heimkehr

Ich kam also nach Erfurt. Hier noch eine nette Story dazu - wir brauchten nicht zu laufen, wir kamen auf einen Zug, auf einen Waggon mit einer Plattform. Wir saßen zu acht oder neun auf so einem großen Wagen und wurden durch die Gegend gekarrt. An einem Wagen war ein Bremserhäuschen mit einem Bahnbeamten darin. Der packte sein Frühstücksbrot aus. Und wir hatten Marschverpflegung mitgekriegt, einen Riesenkanten Weißbrot. Das habe ich dem gegeben. Er hat mir seines dafür gegeben. Ich werde es nie vergessen, wie ich das schöne deutsche Schwarzbrot wieder gegessen habe. War wahrscheinlich noch ein bisschen was drauf, aber sehr doll kann es nicht belegt gewesen sein. Es waren schlechte Zeiten. Es ist mir unvergesslich, wie köstlich dieses Schwarzbrot schmeckte. Am nächsten Tag waren wir in Erfurt. Dort stand eine Lokomotive unter Dampf, die fuhr nach Weimar. Ich bin mitgefahren auf der Lokomotive, auf dem Tender. Ich sah wohl zwischenzeitlich auch ziemlich schwarz aus. Ich bin dann, das weiß ich jetzt aber nicht mehr genau, ob ich von Weimar oder von Jena aus nach Kahla ca. 30 km gelaufen bin. Ich kam jedenfalls am 27. Juni in Kahla an. Da waren die Amerikaner gerade noch in Thüringen. Als ich nach Hause kam, haben sie mich nicht in die Wohnung gelassen. Es waren meine Mutter, meine Schwester und mein Bruder da. Ich wurde nicht durch die Haustür hereingelassen, sondern musste durch den Keller gehen. Im Keller zogen sie mich völlig aus und haben die ganze Kleidung weggeschmissen. Ich wurde abgewaschen, geduscht und kriegte dann wieder Klamotten, die noch von mir da waren. Also es hat mich damals schon gekränkt. Aber wir hatten keine Läuse mehr. Die Amerikaner haben uns ja die DDT-Spritzen reingetan. Wir mussten die Hose hochziehen, wir waren ja dürr, und der Hosenbund war weit genug, da kamen die mit so einer großen Spritze, die war so dick, da rein, da rein und in die Arme nochmal rechts und links, da war keine Laus mehr am Leben. Kein Floh mehr, Flöhe waren das ja. Läuse hatten wir eigentlich nicht. Und die Flöhe, die haben wir erst gekriegt, als wir in der Eifel/Rheinland in deutsche Wohnungen kamen. Während des ganzen Winters in den Zelten hatten wir kein Ungeziefer.

So am 30. Juni kamen dann die Russen mit Pferden, bespannten Panjewagen, so kleine Wägelchen waren das. Ich habe mir das angeguckt, mir haben sie nichts getan. Dann warfen sie uns aus dem Haus. Wir haben das Haus meines Großvaters bewohnt, durften unsere Zudecken mitnehmen, die Möbel nicht.

Als ich 1945 wieder nach Hause kam, da stand alles auf Neuanfang. Das heißt, es war nichts, es war zunächst überhaupt nichts los.

Großeltern und Eltern

Mein Vater war Bankkaufmann. Er hat in der deutschen Bank in Dresden gelernt. Er ist 1895 geboren. Mit 20 Jahren ist er wahrscheinlich eingezogen worden, also 1915. Er hatte die höhere Schule besucht – also mittlere Reife – und danach Bankkaufmann gelernt. Er ist im Laufe des ersten Weltkrieges bis zum Leutnant befördert worden, also Offizier gewesen. Er kam 1918 aus dem Krieg zurück. Ihm war der Boden unter den Füßen entzogen. Dann hat ihn – erzählte er – seine Verlobte aus Dresden (in Dresden wohnten seine Eltern) herausgeholt. Ich vermute, dass er psychische Probleme vom Krieg hatte. Jedenfalls kam er in eine Familie, die einen Nachfolger für den Betrieb suchte. Da er Kaufmann war, hat der Großvater/Schwiegervater gesagt: „In Ordnung, das ist meine Lieblingstochter. Wenn du den gerne hast, dann soll er bei uns einfach mit einsteigen." Es war ja ähnlich wie nach 1945, die haben auch in den 20er wieder neu angefangen. Vor dem 1. Weltkrieg hat er sein großes Geld m.E. mit Exporten nach USA gemacht. Ich kenne noch die Stahlstiche, die Unterlagen für die Niagarafälle z.B., das musste also auch – es war alles auch zerschlagen – neu aufgebaut werden. Mein Vater hat sich wohl unter dem Kommando des Schwiegervaters eingearbeitet und ist nach vier, fünf Jahren Chef geworden. Meine Eltern haben 1920 geheiratet, der Großvater ist 1930 gestorben.

Susanne Cutik (geb. Murmann), verheiratet mit Wenzel Cutik
Großeltern väterlicherseits

Wilhelm Bauer, verheiratet mit Laura Wachtel
Großeltern mütterlicherseits

Hochzeit der Eltern Wilhelm und Lucie Cutik

Er war in den letzten drei Jahren kaum mehr im Betrieb gewesen. Er hatte die übliche Managerkrankheit, hat zu viel gegessen, kaputte Zähne, wie das früher halt so war. Das konnte nicht behandelt werden. Der Schwiegersohn führte dann die Firma. 1929 kam die Wirtschaftskrise. Ganz schlimm war es eigentlich von 1930 bis 1934.

Lucie und Wilhelm Cutik während des 2. Weltkrieges

Betrieb in Kahla

Mutter und der Betrieb in Kahla

Die Mutter war die Tochter des Patriarchen, der in Kahla in den 1870er Jahren eine Porzellanmalerei gegründet und aufgebaut hat. In der Firma waren bis zum 1. Weltkrieg etwa 60 Personen beschäftigt. Das war für eine Porzellanmalerei sehr viel. Während der Ägide meines Vaters wurden es – das war 1930 oder 1933 etwa – noch 20 Leutchen. Die Porzellanmalerei war ausschließlich Handwerk, also Handarbeit. Die Personalkosten lagen ungefähr bei 70 %. 1939 hatte der Betrieb wieder an die 45 Beschäftigte. Es ging so auf und ab.

Meine Mutter hat nicht mitgearbeitet. Das ging nach dem alten Rezept. Die Frauen an den Herd, Kinder und Kirche. Beide Eltern waren beide in der evangelischen Kirche stark engagiert, auch als Gegengewicht gegen die Nazis. Das war die „Bekennende Kirche" (im Gegensatz zu den „Deutschen Christen"). Es gab viele Tischgespräche mit jungen Pfarrern, die eingeladen wurden, als sie gerade in der

Kirche offen gepredigt hatten. Das war auch interessant für mich als 15-,16-Jähriger. Aber die Mutter sorgte für den Haushalt und auch für die Repräsentation. Sie hatte ein Dienstmädchen und war künstlerisch interessiert, während der Vater sehr starke künstlerische Begabungen und Ideen hatte. Er hat nie ein Instrument gespielt, aber wir haben gesungen. Meine Eltern hatten Bilder von ganz modernen expressionistischen Malern aus der Gegend gekauft. Das wenige Geld, das sie hatten, gaben sie für solche Dinge aus. Da war schon viel Kunstsinniges in der Familie vorhanden. Wir Kinder mussten alle Klavierunterricht nehmen. Bis ich es begriffen hatte, dass es sinnvoll ist, war es leider zu spät. Ich glaube, es ging mit 12 Jahren los mit dem Klavierunterricht. Da habe ich mich drei Jahre durchgeschleppt. Als ich dann 17 Jahre war, hat mir meine Klavierlehrerin ein Mozartkonzert vorgespielt. Sie wollte offensichtlich ein Konzert geben. Ich war so hingerissen. Seitdem übte ich fleißig. Ich spielte Blockflöte und Piccoloflöte im Spielmannszug der HJ. Querflöte hat mich sehr interessiert. Mit 18 Jahren war ich schon zu alt, da war es passé.

Meine Mutter war die Jüngste im Verein. Sie hatte sechs Geschwister, davon war ein Bruder als Kind gestorben. Die Älteste hat 1910 geheiratet und musste 1912/13 sich scheiden lassen, weil der Mann Wechselbetrügereien begangen hatte. Er wurde nach Südamerika geschickt. Auch eine interessante Geschichte. Die saß dann mit zwei Kindern da ohne eine berufliche Ausbildung, Frauen brauchten ja höchstens mal eine Mittelschule.
Meine Mutter hatte ja auch kein Abitur gemacht. Sie war im Lyzeum. Sie war während des Krieges MTA, war auch in Frankreich im Lazarett eingesetzt und als der zweite Bruder von ihr gefallen war, wurde sie zurück nach Nürnberg beordert. Sie war bis Ende des Krieges in Lazaretten tätig als medizinisch-technische Assistentin. Sie hatte auch eine Ausbildung, da gibt es Bilder, die in Leipzig gemacht wurden. Diese Ausbildung, also diese „Berufsausbildung", war damals schon ungewöhnlich, aber hat ihr offensichtlich sehr viel bedeutet. Hat sie wohl auch sehr gebildet. Aber nach der Hochzeit gab es nur Haushalt und Kinder.
Es ist außergewöhnlich, dass die jüngste Tochter die Firma weiterführt.
Die älteren Geschwister: die älteste Schwester war eine Frau, die passte nicht in den Betrieb. Sie hatte ja geheiratet und es ist schiefgelaufen. Der zweite war Fritz, der war Kaufmann und hatte vor dem 1. Weltkrieg in einer Großhandelsfirma als Kaufmann

volontiert. Damals machte man keine Lehre, das war nicht fein genug. Der nächste Bruder war wohl der intelligenteste von den drei Brüdern. Er studierte alte Sprachen. Er hat sich für den Betrieb einfach nicht interessiert. Er war begeisterter Altsprachler, Gymnasiallehrer, ab 1936 Pfarrerausbildung, sprach außer Latein natürlich Griechisch und Hebräisch. Es wird von ihm erzählt, dass er Griechisch vom Balkon des Hauses den Kahlaer Jungs gepredigt hat. Er ist mein Lieblingsonkel gewesen und ein ganz toller Mann, stark in der evangelischen Kirche engagiert. 1932 ist er in die NSDAP eingetreten und 1934 ausgetreten. Er war aber bei den deutschen Christen. Das sind die, die mit den Nazis zusammengearbeitet haben. Das hat ihm dann nach dem Krieg praktisch seinen Beruf gekostet. Er hat in den 1930er Jahren die Ausbildung der Thüringer Pfarrer in Eisenach geleitet, hat auch dort ein Haus gebaut und war in der thüringischen Landeskirche eine bekannte Persönlichkeit, befreundet mit Pfarrern, die ich dann auch wieder kennengelernt habe und ein ganz interessanter Mann. Er ist dann aus Thüringen geflüchtet, sonst wäre er von den Russen verhaftet worden. Er hat lange in der Nähe von Hamburg gelebt, dort von 1946 an einem Gymnasium unterrichtet, alte Sprachen natürlich, bis er dann pensioniert wurde. Er zog dann zu seiner ältesten Tochter nach Berg am Starnberger See und ist dort gestorben. In dieser Nachkriegszeit habe ich ihn sehr oft besucht. Wir haben sehr viel u.a. über Mormonen und Religionen usw. gesprochen. Der nächste Sohn war Kurt. Das war der kleinere und jüngere, genauso ausgebildet als Kaufmann und damit war die Nachfolge für den Betrieb gesichert. Die jüngste war dann meine Mutter.

Tragischer Weise sind innerhalb von zwei Jahren, 1915 und 1917, beide – Fritz und Karl – gefallen, einer in den Karpaten und einer in Frankreich. Da existiert auch ein Bild des Grabes. Es war dann so, dass die Mädchen für den Betrieb nicht geeignet waren - das Rezept habe ich selbst noch durchexerziert dummerweise - und der einzige männliche Nachkomme, der nach dem Krieg noch übriggeblieben war, der war ausgebildeter Pädagoge, also Lehrer und den wollte der Großvater wohl auch nicht haben. Der Großvater war 1918 immer noch im Betrieb – zwar deprimiert durch den Tod seiner Nachfolger, seiner Söhne – auf der anderen Seite war er relativ gesehen noch nicht alt, er war Anfang 60. Meine Mutter scheint auch sehr eigenwillig gewesen zu sein. Sie hat sich gegen die Traditionen durchgesetzt und hat diesen Bankangestellten geheiratet. Er wurde dann auch akzeptiert. Da gibt es ein Tagebuch meines Vaters, in dem scheint sehr stark durch, wie der alte Herr, also der Schwiegervater, als Patriarch und als Familienoberhaupt sich verhielt. Aber die jungen Leute haben Abstand gehalten, haben ihr moderneres, damals ganz fortschrittliches Leben geführt mit vielen interessanten Leuten und Künstlern, ja auch Menschen, die diesen Umbruch von der alten Kaiserzeit und den alten Zöpfen schon vor dem 1. Weltkrieg in Form der Wandervogel- und Freiheitsbewegung, Reformkleidung aktiv erlebten. Alles das war für die, was bei uns später z.B. die Hippie-Bewegung war. Das hat der Schwiegervater an diesem Wilhelm Cutik misstrauisch beobachtet. Aber offensichtlich war er mit ihm am Schluss dann doch recht einverstanden.

Meine Mutter war eine geborene Bauer. Anton Bauer (Großvater) ist derjenige, der in Kahla diesen Betrieb aufgebaut und Erfolg hatte. Er kam aus dem Thüringer Wald, geboren in Großneuendorf, wohnhaft in Gebersdorf, gelernt hat er in Lichte. In Lichter-Weilendorf ist eine Porzellanfabrik, uralt, eine der ältesten Fabriken da oben. Es ist wohl auch typisch für ihn, dass er diesen Beruf gelernt hat, denn es war außergewöhnlich in der Familie.

Firma Bauer und Lehmann

Firma Bauer und Lehmann

Die Vorfahren waren alle Fuhrleute, wir würden heute sagen Spediteure, und hatten Landwirtschaft. Die Landwirtschaft war die Basis, war auch die Basis für die Pferde, die sie hatten, mit denen sie dann Spanndienste geleistet haben. Sie waren praktisch monatelang unterwegs, fuhren nach Leipzig, nach Frankfurt. Ich habe Vorfahren, die sind bei einem Unfall, bei einem Sturz über die Brücke gestorben. Einer ist in Leipzig an Fieber gestorben. Das Land hat die Menschen nicht ernährt. Sie mussten irgendeinen Zusatzverdienst haben und offensichtlich war bei dieser Familie Bauer eine Erbmasse vorhanden, die ein bisschen nach – wir würden heute sagen – in Richtung Esoterik ging. Die eine Tante hatte den zweiten Blick, die konnte das Vieh besprechen und hatte Unglück vorausgesehen. Das ist auch noch in unserer Familie geblieben.

Anton Bauer hat einen anderen Beruf als sein Vater ergriffen. Er ist unehelich geboren. Sein Vater hatte als Fuhrmann keine Zeit zum Heiraten. Die Eltern heirateten erst drei Jahre nach seiner Geburt. Es existierten dann noch drei andere Kinder. Ich habe seine jüngste Schwester noch als 20-, 22-jährige ca. 1947 kennengelernt. Seine jüngste Schwester war die Großmutter meines Freundes Otto. Die Familie besaß einen Bauernhof. Otto ist ein Freund, den ich in der Heimat des Großvaters Bauer hatte. Er ist Vetter zweiten Grades zu mir. Mein Vater war mit seinem Vater in gewissem Sinne richtig befreundet. Sie waren politisch auf der gleichen Linie und waren sehr stolz, dass sie auch so einen „gebildeten" Mann immer mal zu Besuch hatten. Das war die Öffnung in die große Welt. Das ist heute noch so. Wenn ich da oben heraufkomme, ist es für die Familie eine Ehre und für mich ein Vergnügen. Gräfental heißt das Zentrum. Das fällt mir jetzt wieder ein.

Der Anton Bauer hat insofern eine interessante Geschichte, weil er Porzellanmaler gelernt hat und damit Porzelliner war. Sie waren in der Porzellanindustrie die oberste Klasse der Arbeiter, Porzellanmaler und Bossierer. Modelleure haben am meisten verdient. Drunter waren die Dreher und darunter wieder die Gießer. Die Dreher unterteilten sich wieder in Porzellandreher und Kapseldreher. Kapsel war aus grobem Material, das man zum Brennen brachte. Das sind soziale Schichtungen innerhalb eines solchen Betriebes. Anton Bauer hatte wohl einen Bekannten, sicher keinen Verwandten, in Kahla. Und zwar kam das daher. Die Fuhrleute haben mit ihren Fuhrwerken das Rohmaterial für die Porzellanfabrik in Kahla von Königsee nach Kahla gefahren. Und er war in Kahla hängen geblieben, hatte eine Frau aus einem Dorf in der Nähe von Kahla geheiratet und hatte sich in Kahla ein Haus gebaut, war durch die günstige Lage und durch die Dauerbeschäftigung reich geworden. Sie hatten ja nur – Fuhrleute hatten ja mal den, mal jenen Auftraggeber – aber der hatte offensichtlich einen festen Auftraggeber – Porzellan war en vogue, 1850/60 war die Porzellanfabrik Kahla im Aufwind. Er war also wohlhabend geworden, baute ein Haus in der Bahnhofstraße in Kahla und hatte vier hübsche Töchter und stammte aus Gräfental und hatte – das ist meine Meinung, das ist jetzt Spekulation – zu dem Porzellanmaler gesagt: „Komm doch nach Kahla, da werden Leute gebraucht (inzwischen waren zwei Porzellanfabriken entstanden), hier kannst du Arbeit finden. Er hat bei ihnen logiert, bei vier Mädchen blieb natürlich nicht aus, dass er sich eine ausgesucht hat.

Das war die Laura Wachtel. Die vier Mädchen waren ausgesprochene Schönheiten. Die Laura Wachtel – da gibt es auch Bilder – war eine sehr schöne, stattliche Frau. Mein Großvater war einen Kopf kleiner, aber sie scheinen sich innig geliebt zu haben. Es muss eine sehr gute Ehe gewesen sein. Und durch diese drei anderen Schwestern oder vier, das weiß ich jetzt nicht genau, das stell ich aber jetzt noch fest, weil ich in Kahla da eine Cousine treffe, sind wir mit allen Leuten in Kahla verwandt. Das wusste ich aber als Kind nicht, weil meine Mutter „reich" war, also vornehm war, und die anderen Schwestern hatten alle – bis auf eine, die hatte nach Dresden geheiratet – Handwerker geheiratet. Der eine war Schuster, der andere Landwirt, der dritte Fleischer und der nächste Bäcker. So ungefähr. Ich weiß jedenfalls, bei dem Schuster – Schuhmacher hieß das ja – aber ich als 6-/7-Jähriger immer in seiner Werkstatt danebengesessen, wenn der Schuhe besohlte. Das weiß ich heute noch ganz genau wie das geht. Die Schuhe haben ja eine Brandsohle. In die Brandsohle wird die Laufsohle draufgelegt, die ist noch nicht so ganz genau geschnitten – dann werden mit einem Pfriem Löcher geschlagen, Holzstifte reingeschlagen in einem Abstand vielleicht von 4-5 mm nur, so dass das Ganze ringsherum mit den Holzstiften die Laufsohle an der Brandsohle befestigt ist. Dann wird erst der ganze Rand beschnitten – das war ganz toll – da war so eine Art Drehbank, das hat mich so fasziniert.

Ich kenne noch den Podest, wo dieser Schuster hoch sitzen und die Schusterkugel für das Licht, das Regal mit den vielen Leisten und die Stahlunterlagen, wo sie die einzelnen Schuhe verkehrt rum draufgelegt haben, um dann die Nägel aus Holz reinzuschlagen. Also im Schustern kannte ich mich als Kind vorzüglich aus. Ich habe jetzt mit meiner Cousine darüber gesprochen. Sie ist drei Jahre älter als ich. Sie kannte den Schuster auch und sagte, das war ein herzensguter Mann. Aber er ist sehr früh gestorben. Die Frau hat dann den Gesellen geheiratet. Seitdem war da Schluss. Meine Mutter ging einmal im Jahr hin und kaufte uns Schuhe, ein Paar Schuhe, mehr brauchten wir nicht, einmal im Jahr. Dann waren wir rausgewachsen. Das ist auch so ein Kindheitserlebnis.

Porzellan und Glas

Laura Bauer, geborene Wachtel ist meine Großmutter. Der Großvater hat Porzellanmaler gelernt. Er hat dann gesehen, dass man in Kahla weißes Porzellan kaufen, bemalen, verkaufen und damit viel Geld verdienen kann.

Der sogenannte Porzellansand ist dort vorhanden. Sand ist Quarz. Und Porzellan besteht zu ca. 50 % aus Kaolin, das ist die Tonerde, die die Plastizität gibt. Und zu etwa 25 % aus Quarz und 25 % aus Feldspat. Das sind also Kalium-, Natriumsilikate, die mit dem Quarz zusammen ein Glas bilden. Das findet in der entsprechenden Mischung bei ca. 1400 Grad statt. Dann ist dieses Glas flüssig. Es wird schon bei etwa 1100 Grad weich. Es fließt in die Zwischenräume, die die Tonerde, das Kaolin bildet und verglast dann diesen Scherben. Dadurch entsteht dann dieses Durchscheinende beim Porzellan.

In Kahla gab es einen Sand, also einen Quarz, und in Königsee – das hab ich jetzt erst rausgekriegt – da gab es eine Art Feldspat. Königsee liegt in der Nähe von Saalfeld. Das ist alles Thüringen. Die Thüringer haben ihr Porzellan aus eigenen dort vorhandenen Materialien zusammengebastelt.

Es gab ja auch große Glashersteller im Thüringer Wald. Das ändert auch nicht, dass die Rohmaterialien für das Porzellan oder Glas da waren, das stellt sich erst später heraus. Wichtig war, dass Holz da war, Holz für die Energie. Die Porzellanfabriken brauchten etwa 10 Tonnen Holz um eine Tonne Porzellan zu brennen. Eine Tonne Porzellan ist eine Menge Zeug. So eine kleine Porzellanfabrik um 1850 hat vielleicht im Monat maximal 1 Tonne Porzellan produziert. Mehr war technisch nicht möglich. Es lag schlicht und einfach daran, dass es dann nicht mehr genügend Holz gab. Kahla war insofern begünstigt, weil es Ende 1850 einen Bahnanschluss bekam und damit wurde Kohle transportiert. Sie haben dann auf Kohlebrand umgestellt. Sie haben Steinkohle gebraucht und ganz zu Anfang des 20. Jahrhunderts, also um 1903/4, wurden hochmoderne Gasfabriken gebaut. D. h. die Kohle wurde nicht mehr direkt in den Porzellanöfen verbrannt, sondern es wurde Kohle vergast und das Gas in die Öfen eingeleitet und verbrannt. Hinzu kam, dass es eine saubere Lösung war.

Die Produktion von Glas und Porzellan war und ist eine Frage von Energie. Die eigentlichen Rohstoffe (Quarz, Feldspat und Tonerde) sind alle zu transportieren. Sie haben sowohl mit Holz als auch mit Kohle 1400 Grad erreicht. Das war die Grenze. Die Arbeiter, die man brauchte, mussten alle speziell ausgebildet sein. Dies geschah im Rahmen der Industrialisierung im 19. Jahrhundert. Es gab immer viele arme Leute, die als Tagelöhner in der Landwirtschaft gearbeitet haben. Kahla hatte kein spezielles Handwerk. Es ist eigentlich groß geworden mit dem Porzellan.

Die erste Porzellanfabrik eröffnete 1839 ein Unternehmer namens Eckart. Er hatte ursprünglich einen Großhandel von Farben und Erden und so was. Er wusste wie Porzellan hergestellt wird. Er hat dann aber Konkurs gemacht und das Geschäft verkauft. Die Nachfolger haben es erst groß gemacht. Die Anfänge der Porzellanindustrie in Kahla waren etwa 1835, 1840. Der eigentliche Aufschwung kam mit dem Bahnanschluss – 1859 – Naumburg, Jena über den Thüringer Wald – Anschluss an Bayern.

Mein Großvater war durch die uneheliche Geburt sehr ehrgeizig gewesen. Er war sicher intelligent und war im Grunde Unternehmer. Ich kann mir nicht vorstellen, dass er ein großartig begabter Künstler war. Er ist in einem kleinen Dorf im Thüringer Wald geboren worden. War vier Jahre alt, da haben seine Eltern erst geheiratet. Da war er schon „Underdock".

Der Vater war nicht sehr begütert. Sie hatten Pferde und sicher auch Geld, um ihn in die Schule zu schicken. In die Schule ist er sicher gegangen. Er konnte gut schreiben, hatte aber eine Sauklaue. Seine Schrift zu lesen ist eine Kunst. Da gibt es auch noch ein paar Unterlagen. Er wollte den Menschen beweisen, auch wenn ich unehelich bin, bin ich was und ich kann was und das hat er richtig produziert. Ich habe in meiner Erinnerung ein Bild, da ist (etwa 1923) er mit einem Riesenauto zu seinem Geburtsort gefahren, nach Gebersdorf oder wo seine Familie wohnte und hat dort richtig angegeben. Da war meine Cousine, die dieses Haus hier gebaut hat (Ibiza). Sie ist auf dem Bild mit drauf, im weißen Kleid so mit 12 Jahren. Sie ist 1911 geboren, das war also 1923. Kurz vor der Inflation hatte er so einen Mordskarren. Er konnte ja nicht selber fahren. Da gab es Leute, die ihn chauffierten und damit hat er angegeben. Der Onkel Bauer war immer der reiche Mann. Das hat er denen auch gezeigt. Ich bin der Meinung – das ist alles Spekulation, gut – aber so wie ich die Bilder und die Fakten kenne aus seinem Leben, war der Antrieb seine uneheliche Geburt und der Ehrgeiz, die Ausbildung als Banker.

Bei meinem Vater war es völlig anders. Bei ihm war der Antrieb die Kunst, die Wissenschaft, der Reiz etwas aufzubauen, die Zahlen auch, es war alles exakt. Auch die Erbschaftsregelung für uns drei Kinder. Mitte der 1930er Jahre wurde die Firma in eine Kommanditgesellschaft umgewandelt. Seine drei Kinder wurden in diese Gesellschaft eingebracht. So war die Erbschaftsregelung erledigt. Das ist typisch für meinen Vater, er hat weit vorausgeblickt. Auch politisch z.B. hat er alles vorausgesehen, was da mit dem Adolf kam. Er hat sich keine Illusionen gemacht. Und die Liebe zur Schönheit, zur Kunst, das hat ihn sehr geprägt. Sie hat auch seine Arbeit im Betrieb geprägt.

In den Ferien, der Urlaubsphase der arbeitenden Bevölkerung – also KDF – sind die Leute alle – die konnten ja nicht aus Deutschland raus – im Wesentlichen nach Bayern, nach Oberbayern gefahren. Dafür wurde Andenkenporzellan produziert, kleines Zeug, kostete 1 Mark. Das war damals viel Geld, so ein Ascher oder so ein kleines Väschen. Mein Vater hat extra von einer Künstlerin Alpenblumen malen lassen. Es gab da Enzian, Alpenrose und Edelweiß. Enzian war klar, die Alpenrose haben wir aus dem Urlaub mitgebracht, da kann ich mich noch daran erinnern. Er hatte einen Vertreter für den Verkauf. Er war Jude und wohnte in München. Der hat das mit organisiert. Es wurden Entwürfe gemacht. Die Entwürfe habe ich noch als Junge, kurz nach dem Krieg in den Unterlagen gesehen, inzwischen ist ja alles weg. Von diesen Entwürfen wurden Drucke im Offsetverfahren, sog. Buntdrucke hergestellt von einer Firma in der Nähe von Nürnberg. Es wurde lang herumprobiert, damit die Farben richtig leuchtend herauskamen. Diese Drucke hat die Firma in Nürnberg nach dem Krieg noch weiter produziert. Darüber habe ich mich auch schon geärgert. Es war eine Eigenauflage für die Firma meines Vaters, und nach dem Krieg hat die Firma das in ihren sog. Verlag übernommen und es konnte jeder kaufen. Original. Mein Vater hatte die Idee, weil Handmalerei so teuer war. Er war in den 1930er Jahren mit dem Direktor der Meißner Porzellanmanufaktur befreundet, Direktor Pfeifer hieß der. Die Manufakturen – speziell Meißen – machten ausschließlich Handmalerei. Er wusste, dass er das seinen Malern nicht zumuten konnte. Aber seine Porzellanmaler haben schwarze Zeichnungen aufs Porzellan vorgemalt bekommen. Diese wurden von Frauen von Stahlplatten auf Porzellan übertragen und dann ausgemalt. Das Ausmalen konnten

sie perfekt. Es wurden Wappen und sog. Ansichten farbig ausgemalt. Das waren auch Malerspezialisten, das ging ruck zuck. Ich habe alles gelernt und 1946 wieder damit angefangen. Ich schaute denen immer über die Schulter. Ich begann dann selber mit dem Pinsel zu arbeiten, aber da war nicht viel los. Gelernt habe ich, wie man eine Farbe anmischt, wie sie malbar wird, denn das sind ja Metalloxide mit Glas drin, das muss also ganz fein verrieben werden, sonst fließt es nicht aus dem Pinsel heraus. Die ganzen Bemalutensilien wie Lavendelöl, Nelkenöl, Terpentinöl – das habe ich alles praktisch gelernt. 1946 ging das mit dem Betrieb wieder los. 1945 haben wir aufgeräumt. Es war ja alles durcheinander. 1946 fingen wir wieder mit dem Porzellan an, das noch da lag, Andenken herzustellen. Mein Vater hat versucht eine Art Handmalerqualität zu günstigem Preis zu erzielen. Das Witzige bei der ganzen Geschichte ist – ich sehe das ja rückwärtsgewandt – er wollte gerne die Buntdrucke als Basis, noch mal mit leuchtender und dickeren Farbauflagen überlegen. Das sah sehr gut aus. Er ließ drunter stempeln „handausgemalt". Das war natürlich auch noch relativ teuer. Die Buntdrucke waren so schön, dass zwei Preisgruppen gebildet wurden, die einen nur mit dem technischen Druck, und die andere „handausgemalt". Wobei das Verhältnis ungefähr 10:1 war.
Das war seine Intention, die Kunst, die Schönheit den Menschen nahe zu bringen.
Er hat immer den Wert darauf gelegt, dass es noch ein Stück weit Handarbeit ist.

Parallel dazu gab es noch eine andere Intention: er wollte weg vom Kitsch und setzte Künstler für die Dekoration ein. Vorbild war das Bauhaus. Es gab einen jungen Grafiker, der hatte in Weimar studiert, hat in Kahla geheiratet und war dann um Existenz zu haben, Herbergsvater der Jugendherberge auf der Leuchtenburg geworden. Er hat natürlich als Grafiker zu arbeiten angefangen und hat meinen Vater kennen gelernt und mit ihm zusammen grafische Motive für Porzellan entwickelt. Er war vielleicht 15 Jahre jünger als mein Vater und ich war wiederum 10 Jahre jünger als er. Wir haben uns dann nach dem Krieg kennen gelernt, da er bei uns ins Haus eingezogen war. Das Wohnhaus war für eine Familie oder für mich alleine viel zu groß. Er hat die obere Etage von unserem Elternhaus bewohnt und ich die untere. Wir haben lange Jahre – von 1947-1958 – zusammengewohnt.

Das war ein wunderschönes Zusammenwohnen, ein Künstler, wie aus dem Bilderbuch, mit Wanderungen in der Natur und Klampfe und Musik.

Meine Jugendzeit in Kahla war wunderschön. Deshalb war ich so wütend, dass ich von Kahla weg gehen musste, um nicht verhaftet zu werden.

Nach der Gefangenschaft

Nach der Gefangenschaft kam ich völlig heruntergekommen nach Hause – ich erzählte es – meine Mutter und meine Schwester haben mich nicht ins Haus gelassen, sondern nur in den Keller, mich ausgezogen und geduscht.

Das war am 27. Juni 1945, da hat meine Schwester Geburtstag. Deshalb weiß ich den Termin so genau. Am 30. Juni zogen die Russen ein.

Ich hatte Abitur, aber sonst keine Berufsausbildung. Abitur, aus, sonst nichts. Ja mit Flakgeschützen und anderen Waffen konnte ich ganz gut umgehen. Ich verstand was vom Schießen und hatte auch ein paar Erfahrungen mit jungen Leuten gemacht, mit Schülern, Gymnasiasten, die bei uns in der Flak eingesetzt waren – Flakhelfer. Die waren so 16, 17 Jahre alt. Wir hatten pro Geschütz eine halbe Klasse, acht Mann.

Der Krieg war vorbei und ich kam heim am 27. Juni. Es musste eine neue Grundlage geschaffen werden.

Insofern ging es mir gut. Das Haus war da, die Amerikaner, die oben drin gewohnt hatten, waren ausgezogen, die waren nach dem Westen gegangen. Russen waren noch nicht da. Wir waren zunächst mal zwei Tage ohne Besatzung. Meine Mutter war da, mein Vater war in Gefangenschaft, wir wussten, dass er lebte.

Mein Vater wurde 1940 im Frühjahr eingezogen, kurze Zeit Baubataillon, von Herbst 1940 bis April 1945 in einem Rüstungskommando in Weimar, dann in Gefangenschaft 1945 und im Oktober 1945 in ein Lazarett entlassen, da war er auch schon krank, nierenkrank, nach Simbach am Inn. Er blieb in Bayern und hatte in Marktredwitz ein Zimmer. Ich wohnte in der Rosenthalvilla.

Es war auch noch das Haus meines Großvaters da. Das gehörte zum Teil meiner Mutter. Es war der Betrieb da, der von einem Prokuristen betreut wurde. Mein Vater hatte 1936 – glaube ich – oder 1937 einen Mann engagiert, der Direktor eine Porzellanfabrik in der Nähe von Kahla, in Uhlstädt war. Die Fabrik gehörte einer Familie, wo nur Frauen da waren und vom Geschäft keine Ahnung hatten. Er war Geschäftsführer der relativ kleinen Fabrik mit 120 Leuten. Es wurden Kaffeeservice hergestellt. Er hat die Fabrik mit großem Geschick über die Wirtschaftskrise gebracht, während viele Porzellanfabriken kaputt gegangen, in Konkurs gegangen sind und aufgehört haben zu leben. Als die Nazis an die Regierung kamen, war ein junger Mann von der Besitzerfamilie, der war Naziführer, irgendein Parteigenosse, und hat versucht, den raus zu drängen. Mein Vater kannte den und hat gesagt, komme halt zu mir, du wirst bei mir Prokurist. Ich habe dann mehr Zeit, mich um den Verkauf zu kümmern. Er machte jedes Jahr im Frühjahr und im Herbst Reisen mit Vertretern zu den Kunden. Das war programmiert. Die Reisen wurden immer so gelegt, dass er jedes Mal zum Karneval in Köln war u.a. Der Mann hieß Oskar Klauder. Er gehörte zu einer kirchlichen Gruppierung, einer Gemeinschaft innerhalb der Landeskirche, also evangelisch, stockkonservativ, aber ganz klar nach den Regeln des Evangeliums lebend, ein toller Mann und ehrlich bis zum tz. Er hat – während mein Vater eingezogen war – den Betrieb weitergeführt, bis Anfang 1944. Sie haben noch 1943 Andenkenartikel nach Schweden und in die Schweiz exportiert. Wir hatten dort überall Kunden. Das ging dann aber auch nicht mehr. Es gab kein Material mehr usw. Er war schon älter, als ich mit ihm zusammengekommen bin, er war schon 60. Das ist ein alter Mann gewesen für mich.

Oskar Klauder war für mich eine Art Ziehvater. Er hat mich als Sohn des Chefs gewähren lassen. Ich habe mich erst mal informiert, wie so ein Betrieb läuft, dann habe ich mich über Buchhaltung kundig gemacht. Er hat mir alles gezeigt. Er war für alles offen, hat mir alles gesagt und vor allen Dingen habe ich mich dafür interessiert, dass neue Dekore kamen. Damit hatte er nicht viel zu tun, dafür hatte er keinen Nerv. Er war gerade, konservativ, ein guter Kaufmann. Was blieb, was sich bewährt hatte, wurde unter allen Umständen beibehalten. Neue Ideen einzubringen, war für ihn nicht möglich. Das habe ich gemacht. Darauf kam es letztlich an, weil die Versorgung mit weißem Porzellan in den 1940er Jahren sehr schwierig war. Die

Fabriken haben alles selbst dekoriert, um es teurer zu verkaufen. Ich habe versucht, die wenigen Geschirre für den Lebenserhalt und für den Neuaufbau der Porzellanmalerei zu dekorieren. Es ging vor allem darum, die Malerfachkräfte zu beschäftigen. Wir haben ja eigentlich nur Zierporzellan hergestellt, Andenken. Das war für die damalige Zeit nicht praktisch. Jeder wollte eine Tasse haben oder eine Kaffeekanne oder einen Teller, aber einen Ascher, eine Zierdose oder ein Väschen brauchten sie wirklich nicht. Aber es gab Geld, und es wurde das Geschirr verlangt. So fingen wir an, die Kaffeekannen oder die Tassen mit handgemalten Dekoren zu versehen. Die waren zwar sehr teuer, aber Geld hatten die Leute und sie waren froh, wenn sie eine Tasse kriegten, auch wenn sie handgemalt und teuer war. Ziel war es, die Fachleute wieder zu beschäftigen, die waren ja noch da. Es waren alles alte Leute, neue Leute haben wir erst ab Anfang der 1950er Jahre wieder angelernt. Porzellanmaler ist ja ein Lernberuf, der im Betrieb geschieht, um überhaupt wieder eine Basis für eine Porzellanmalerei zu haben. Das ging ganz gut. Ich habe praktisch 1946 angefangen. Nach zwei Jahren habe ich gesagt, mit Porzellanmalerei alleine komme ich nicht über die Runden. Wir werden immer Schwierigkeiten haben, das undekorierte Porzellan zu bekommen, das wir haben wollen. Ich möchte es gerne selber machen. Das war der erste Ansatz. Der zweite Ansatz war, wenn ich keine vernünftige Berufsausbildung habe, komme ich nicht zurecht. Ich muss also lernen, wie man Porzellan herstellt.

Auto und Führerschein

Es gab noch ein Auto von meinem Vater, das habe ich schon 1945 mit den Russen zusammen gefahren. Ich hatte noch keinen Führerschein, aber die Russen, denen war das egal. Die hatten das Benzin und ich hatte das Auto. Da habe ich mit den Russen – russische Offiziere waren das ja nur – so Vergnügungsfahrten durchgeführt. Ich hatte immer reichlich Benzin. Ja, die habe ich betrogen nach Strich und Faden. Mein Lohn war also der Benzinrest!

1946 habe ich mir gesagt: „Ich müsste jetzt endlich mal den Führerschein machen." Ich bin mit meinem Auto ohne Führerschein nach Jena gefahren. Dort wurde die

Führerscheinprüfung abgenommen. Ich kann mich nicht erinnern, dass ich eine theoretische Prüfung ablegte. Aber ich musste – ich hatte denen natürlich nicht gesagt, dass ich mit einem eigenen Fahrzeug, einem Ford, gekommen war – mit einem DKW fahren.

Ich hatte einen Ford Eifel, der hatte die übliche Gangschaltung mit dem Dreiganggetriebe und einem Rückwärtsgang. Die Prüfung musste ich auf dem DKW machen, der hatte diese Revolverschaltung, der hatte vorne einen Motor mit dem Vorderradantrieb. Damit kam ich nicht so sehr gut zurecht. Die Schaltung ging zwar noch, aber das tollste an dem Wagen war der Freilauf. Wenn man das nicht gewohnt war und zusätzlich ein Motor bremste, dann ging einem das Ding weg. Wir fuhren also durch Jena – ich kann mich noch gut erinnern, die Straßen gibt es noch – ich kam vom Westbahnhof, Gefälle, Straße runter an der Post vorbei und da kam die Straßenbahn und ich wollte erst mit dem Motor versuchen zu bremsen. Es ging aber nicht wegen des Freilaufs. Da hätte ich beinahe die Straßenbahn gerammt. Es ging so gerade vorbei. Ich habe trotzdem meinen Führerschein gekriegt.

Ich habe nie wieder eine Führerscheinprüfung abgelegt. Ich durfte mit meinem Führerschein Ost in Westdeutschland nicht fahren. Ich ging damit in Nürnberg zur KFZ-Führerscheinstelle und seitdem habe ich noch diesen Lappen aus Nürnberg. Ich hatte allerdings vorher noch einen Führerschein für Motorräder gemacht. Ich hatte ein Motorrad mit 125 ccm, das lief dann aber nicht mehr. Das hatte als Vorderradfederung starke Gummiringe. Es war eine RT 125 von DKW, eine wunderbare Maschine. Dann hatte ich eine Zündapp 250 oder 200 – jedenfalls steht in meinem Führerschein, dass ich Motorräder bis 250 ccm fahren darf, heute noch. Das habe ich nie ändern lassen.
Wir fuhren sehr oft in den Thüringer Wald und kauften bei den Porzellanfabriken Weißporzellan ein oder versuchten es zu bekommen.

Dieser Oskar Klauder hatte einen Sohn, der war um die 10 Jahre älter als ich, verheiratet und in einer Porzellanfabrik in der Nähe von Martinroda als Modelleur tätig. Er war noch in Gefangenschaft. Seine Frau hatte eine Wohnung in Martinroda, lebte aber bei der Familie im Harz. Sie stammte aus Wernigerode, glaube ich. Die

Wohnung war noch verschlossen und der Schwiegervater bzw. der Vater des Modelleurs kümmerte sich, musste also nach der Wohnung schauen. Wir fuhren natürlich auch zur Porzellanfabrik Martinroda. Das war eine Fabrik, die typisch thüringische Zierporzellane herstellte. Es ging los mit kleinen Aschern, Schalen, eine ganze Kollektion Dosen, kleine Väschen und Mokkatassen. Die Fabrik war 1900 von einem Hermann Eger gegründet worden. Er kam aus dem Schwarzatal, Fa. Hertwig-Katzhütte. Er war dort Prokurist. Hertwig ist eine große Porzellanfabrik, die haben so kleine Püppchen gemacht, Keramik und große Vasen. Sie hatten also zwei verschiedene Keramikmassen. Er hat sich 1898-1900 mithilfe von Hertwigs selbständig gemacht, um eine eigene Porzellanfabrik zu gründen. Er kam in eine Zeit hinein, wo er ganz schnell sehr viel Geld verdiente, stellte dann eine Fabrik hin, die beschäftigte in den 20er Jahren 150, 160 Leute, mit zwei großen Brennöfen und Dekoration, auch Sägewerk dazu mit Holzwolle für Verpackung und Fülle für die Puppenkörper. Eine wunderschöne Villa dazu und auch ein Haus für den Schwiegersohn – das war weniger schön – da wohnte dann mein späterer Schwiegervater drin.

Anneliese

Jedenfalls kommen wir 1946 im Sommer dahin – weiß ich noch sehr genau – da hatten sie Besuch von zwei russischen Offizieren, die für Russland einkauften. Das waren Profis, das habe ich später miterlebt. Jedenfalls fahren wir in den Hof, gehen zu der Eingangstür hinein, da geht die Tür auf und es kommt mir ein junges Mädchen entgegen. Das war die Anneliese. Das Bild habe ich nie vergessen. Sie musste schnell rüber in die Villa ihres Großvaters, also Hermann Eger, weil die Russen irgendwas zu trinken haben wollten. Da habe ich die Anneliese zum ersten Mal gesehen. Das war wie ein Blitz. Ich habe mich immer dagegen gewehrt mich zu binden. Das hat also bis 1951 gedauert, bis ich dann gesagt habe: „Wir wollen heiraten." Pfingsten 1952 haben wir uns verlobt. 1952 im Dezember, 20. Dezember haben wir geheiratet.

Hochzeit von Klaus und Anneliese 1952

Wir verhandelten erst einmal, ob wir Weißporzellan kriegen. Es kam der Sohn von Oskar Klauder aus dem Krieg zurück und wurde in der Firma Eger wieder als Modelleur eingestellt. Da habe ich gesagt: „Wisst ihr was, ich lerne bei Eger & Co Porzellanmachen, das kann mir der Sohn von Oskar Klauder zeigen." Ich habe beim Modellbau angefangen und meine Ausbildung dann beim Formengießen in der Gipsabteilung fortgesetzt. Es wird fast so viel Gips in der Fertigung verbraucht als Porzellan zum Schluss herauskommt. Ich bin in die Gießerei gekommen – die Dreherei war nicht in Gang, die haben nur gegossen. Später wurde sie eingerichtet. Ich hatte nichts damit zu tun. In der Kapseldreherei war ich ein bisschen. Das ging bis kurz nach der Währungsreform 1948.

Ich hatte dort ein Zimmer beim Obermaler aus der Fabrik. Der hatte eine Tochter, die war verheiratet, aber der Mann war gefallen. Da war ich gut aufgehoben. Die wollte mich auch heiraten. Das war wohl nicht so ganz das Richtige.
Mit der Tochter des Hauses, also mit dieser Anneliese verstand ich mich gut. Es gab noch eine andere Tochter, die hat im Krieg geheiratet. Der Mann war natürlich gefallen. Keine Kinder da. Die hat dann den Bruder ihres ersten Mannes geheiratet. Das war auch um diese Zeit herum, also Ende der 1940er Jahre.

Ich habe dann mit der Anneliese auf der Kirchweih zusammen getanzt. Wir haben miteinander getanzt, sind ausgegangen. Das ist für die Familie natürlich das Traumpaar, der Junge passt in die Fabrik und alles ist in Ordnung. Da bin ich ausgerissen. Ich habe eine Bewerbung geschrieben an die Porzellanfabrik Blankenhain, die ist in der Nähe von Weimar und nicht so weit von Kahla entfernt. Ich bin immer am Wochenende mit dem Fahrrad von Blankenhain nach Kahla gefahren. Die Firma war noch halb privat – die Besitzverhältnisse waren mir nicht so ganz klar – jedenfalls haben sie mir abgeschrieben. Da lebte mein Vater schon in Bayern. Er kannte den Inhaber von Blankenhain, der in Westdeutschland war. Mein Vater hat mit dem wohl gesprochen oder telefoniert, jedenfalls schrieben sie dann, ich könnte kommen. Ich habe mir in Blankenhain wieder ein Zimmer genommen und dort in der Masseaufbereitung und in der Dreherei angefangen. Ich habe diese ganz feinen Mokkatassen mit gemacht. Das war eine ganz harte Schule, weil ich sehr empfindlich war auf Massestaub. Mir tränten die Augen, aber ich biss mich durch und irgendwie haben die Männer, die mit mir arbeiteten, mich akzeptiert. Sie waren sehr nett, halfen mir und es war ein gutes Verhältnis. Ich habe viel gelernt in menschlichen Dingen. Zuletzt landete ich im Modellbau. Es musste eine Schüssel für ein Barockservice neu modelliert werden. Das war dann meine Aufgabe.

Was ganz interessant war – es kam aus Meißen ein Bildhauer, der hieß Erich Oehme *(1889-1970. Er arbeitete 1911/12, für die Porzellanmanufaktur Nymphenburg, ab 1912 für Porzellanmanufaktur Meißen. 1944 entließ ihn PM. Er wurde 1948 Künstlerischer Leiter der VVB Keramik Erfurt.)* In den Verzeichnissen der Bücher, die es von Meißen gibt, ist er aufgeführt. Dieser Bildhauer hatte einen Panther modelliert, etwa ca. 45 cm groß, in schwarzem Ton, dunkelgrau – wunderschön. Er war irgendwie bei den Nazis involviert und wurde in Meißen entlassen. Das war 1948. Oder er hat sich absentiert, damit er wieder aus der Schusslinie kam, jedenfalls war er in Blankenhain. Blankenhain hatte Interesse daran, außer dem Tafel- und Kaffeegeschirr auch figürliche Sachen zu produzieren. Da hat er den „Panther" gebracht. Er hat mir gezeigt, wie man den abgießt.
Das ist hoch interessant. Es wird über das erste Modell aus Wachs eine ganz dünne, gefärbte Gipsschicht gekleistert. Wenn alles zu ist, wird das Modell in Gips gepackt und zwar so, dass man es öffnen kann. An zwei Stellen finden sich Löcher. Das Ganze wurde dann erhitzt, das Wachs floss raus, das Ganze war dann eine Negativform. Der Gips, der außen dran war und gefärbt war, der wurde abgeschlagen und das Hauptmodell stand dann weiß in Gips da.
Dieses Abschlagen der roten Schicht, wurde mir übertragen. Das war eine große Ehre. Das hat mich wahnsinnig interessiert. Ich habe das wohl ganz gut gemacht und Erich Oehme hat mit mir zusammen diesen Gipskörper, den ganzen „Panter", so zerschnitten, dass die Teile einzeln wieder in Porzellan gegossen werden konnten. Das habe ich gelernt für die Figuren oder Puppen. Die werden auch aus Einzelteilen zusammengebaut. Für mich war das auch bei den Spardosen ganz wichtig. Da sind ja auch figürliche Sachen dabei. Die Form so zu führen, die Formnaht, dass sie leicht aus zwei Hälften oder maximal drei Figurteilen besteht.
„Dass es aus der Form rausgeht", haben wir immer gesagt. Da habe ich viel gelernt.

Weihnachten 1948 war ich an den Feiertagen natürlich zuhause. Am dritten Feiertag bekam mein Vater einen Schlaganfall und starb. Er kam als Besucher aus Marktredwitz nach Kahla. Er ist in Kahla gestorben und in Kahla unter großer Anteilnahme begraben worden. Es war fast ein politischer Aufmarsch, dass er als Kahlenser, erst wegen der Russen nicht kommen durfte und jetzt da starb. Da waren mindestens 300, 400 Leute am Grab.

Der Prokurist Oskar Klauder hatte die Firma sowieso alleine geleitet und wollte mich als Nachfolger holen, das war meine Chance. Deshalb habe ich das so intensiv von ihm erzählt. Er hat mir auf der einen Seite zu einem Lehrmeister, zu einer Berufsausbildung bei Eger Blankenhain verholfen, auf der anderen Seite hat er aber den Betrieb weitergeführt, um den ich mich überhaupt nicht kümmern konnte. Ich bin dann zur Verwaltung von Blankenhain (es war inzwischen volkseigener Betrieb geworden). Ich habe gesagt: „Ich will wieder nach Hause, mein Vater ist gestorben. Ich will meinen Betrieb übernehmen. Ich möchte gerne die Gesellenprüfung machen." Die Prüfung habe ich im März oder April abgelegt. Die Firma hat mich entlassen.

Ich kam wieder nach Kahla zurück. Da war alles genauso in der Dekoration und in der Organisation wie ich es verlassen hatte. Toll! Wir – Herr Klauder und ich – haben dann zusammen weiter gemacht. Das war eine so schöne Zusammenarbeit, der Klauder war so verständnisvoll für meine Spinnereien. Es war eine wilde Zeit. Ich hatte ein Auto und war nicht gebunden. Eine Freundin hatte ich auch nicht. Aber Freunde hatte ich, mit denen ich mal ein paar Ausflüge machte und zur Messe fuhr. Mit Alkohol war es auch nicht so ganz ohne. Es war eine richtig tolle Zeit für mich. Meine Mutter lebte noch, sie ist dann 1 ¾ Jahre später gestorben. Sie hatte Depressionen – manisch-depressiv, ½ Jahr Depressionen, ½ Jahr war sie lustig und es war alles in Ordnung. Dann wieder dieses Absacken, das hatte dann zur Katastrophe geführt. Das war weniger schön. Da war eine Frau, eine Pfarrerswitwe, die war in Kahla – aus Westpreußen geflüchtet – ist ohne irgendwelche Bindung bei irgendwelchen Freundinnen untergekommen. Sie wurde mir als Hausdame empfohlen. Es war ein vornehmes Haus. Sie zog mit, pflegte meine Mutter, zog ins Haus, führte mir den Haushalt. Erst hinterher habe ich festgestellt, dass sie etwas verschwenderisch war, aber im guten Sinne. Es gab sowieso nur Lebensmittelmarken, sie konnte nichts verschwenden. Aber als Anneliese dann kam, hat sie nur die Hälfte des Wirtschaftsgeldes gebraucht.

Ich habe mich für die Anneliese wieder interessiert, bin manchmal hingefahren, immer öfter, wie das halt so geht. Pfingsten 1952 haben wir uns verlobt.

Da war sie in Kahla, da habe ich sie gefragt, ob sie mich heiraten will. Aber – das war so typisch – ich habe gesagt, du musst damit rechnen, dass ich hier wieder weg muss. Was du hier siehst an Haushalt, mir geht es sehr gut, aber das bleibt nicht so. Ich habe sie von vornherein gewarnt. Das war ihr offensichtlich völlig wurscht. Sie war eine ganz wichtige Mitarbeiterin für ihren Vater, der die Porzellanfabrik (nach dem Eger, Martinsroda) wieder aufgebaut hatte. Das war ganz schwierig, weil die sehr viel mehr Material brauchten. Der Gründer der Fabrik lebte noch, seine Frau war schon lange gestorben, die war zuckerkrank. Er ist 1953 im November gestorben. Da war er weit über 90. Als ich dort oben gearbeitet und gelernt habe, lernte ich ihn noch als alten Herrn kennen. Da war er schon nicht mehr im Betrieb. Die Firma hat nach dem Krieg mein Schwiegervater aufgebaut, sehr gut aufgebaut. Bis weit in die 1960er Jahre war die noch privat selbständig, weil sie zu 80 % die Waren, die sie produziert haben, exportierten. Er war für die DDR ein ganz wichtiger Betrieb. Aber interessanterweise sind sie auch in Volkseigentum überführt worden. Die Anteilseigner waren meine Schwiegermutter und ihre Schwester. Das waren die Erben von Herrn Eger. Sie sind mit Geld nach dem Buchwert entschädigt worden, der nicht hoch war. Sie haben letzten Endes davon gelebt. Mein Schwiegervater war Angestellter, aber er sollte 1953 im Januar – ich habe am 20. Dezember 1952 geheiratet – verhaftet werden. Anfang 1953, die ersten Tage Januar, kam Volkskontrolle. Mein Schwiegervater war krank, den konnten sie nicht verhaften, aber seinen Schwager, der das Sägewerk führte und natürlich das Holz hatte. Was da lag, war nicht so ganz korrekt in seinen Meldungen angegeben. Er wurde dann verhaftet und enteignet. Er ist mit seiner Frau, der Schwester meiner Schwiegermutter, nach Westdeutschland geflüchtet. Er ist dort gestorben. Die Schwester kam wieder nach Martinroda zurück und ist dort gestorben. Es ist praktisch der Betrieb wieder zurückgegeben worden. Der Betrieb in der

Porzellanfabrik war in Ordnung und ohne Bestrafung davongekommen, aber musste nun staatliche Beteiligung aufnehmen. Das wurde dann immer weiter vergrößert und zum Schluss kriegten sie irgendeine Zahlung in D-Mark Ost. Nun war das auch Volkseigentum, wurde integriert in eine große Fabrik, die in Ilmenau neu gebaut wurde. Die Fachleute wurden dort eingesetzt und in Martinroda wurde nur noch dekoriert – bis zur Wende. Der Enkel meines Schwiegervaters bzw. der Sohn meiner Schwägerin (mein Neffe), war Modelleur und Keramikingenieur geworden. Er führt das jetzt wieder im kleinsten Umfange weiter. Insofern ist eine gewisse Tradition da. Aber das, was es mal gewesen ist, das ist passé, wie bei allen Fabriken.

Oskar Klauder hat noch lange mit mir zusammengearbeitet. Er war bis 1958 noch jeden Tag im Betrieb, da war er schon Anfang 70. Er kam immer mit Stock. Ich hatte dadurch viel Freiheit. Außerdem hat er noch einen Freund von seinen Glaubensbrüdern mitgebracht. Dieser war Buchhalter – ein sehr tüchtiger Finanzbuchhalter – der während des Krieges in Bad Blankenburg zwischen Rudolstadt und Königsee arbeitete. Es war ein Werk gebaut worden für Schrauben und Werkzeuge, Bohrer und so ein Riesenapparat. Das hatte er als Finanzbuchhalter geleitet. Nach dem Krieg wurde dieses Werk volkseigener Betrieb. Er wollte aber nichts mit den Kommunisten zu tun haben. Den hat Klauder dann nach Kahla geholt. Ich hatte eine Superbuchhaltung. Es war fantastisch, Richard Krause hieß er.

Flucht

Es ging so weit, dass ich eines Tages 1958 im Herbst erfuhr, dass am Montag die Volkskontrolle kommt: „da geht es ihnen schlecht, da werden sie verhaftet". Wir hatten Schwarzgeschäfte gemacht. Wir nahmen die Waschmaschine und Familienunterlagen und sind nach Martinroda gefahren. Wir hatten noch ein Auto dort – wir waren privilegiert – haben die Sachen den Schwiegereltern gebracht, uns verabschiedet und gesagt, am Sonnabend fahren wir nach Berlin und sind dann im Westen. Am Sonnabend früh hatte Anneliese drei Koffer gepackt. Wir hatten unsere drei Kinder, sicherheitshalber haben wir noch einen Nachttopf mitgebracht, die Kleine war erst 1 ½ und noch nicht sauber. Wir setzten uns ins Auto und sind nach

Leipzig gefahren. Als Anlass für die Fahrt gab ich an, dass ich zum Ofenbauer muss, der baut uns einen Elektroofen. Von Leipzig sind wir nach Berlin bis zum Alexanderplatz gefahren. Dort gab es einen Parkplatz, ich ließ das Auto dort stehen und die Koffer blieben drin. Was ich nicht wusste ist, dass meine große Tochter eine Käthe Kruse Puppe hatte, die sie im Auto liegen ließ. Wir sind zum S-Bahnhof Alex, die nächste Station war schon im Westen. Ich hatte eine Adresse für eine Pension, da habe ich die vier – Anneliese und die drei Mädchen – untergebracht. Wir schliefen da. Ich hatte einen Bekannten in Westberlin, der fuhr mit mir am nächsten Tag noch mal zurück. Wir nahmen die Koffer und wie gesagt die Puppe – das wird mir heute noch von Christina vorgeworfen, dass ich die liegen gelassen hatte – und sind dann wieder zurück zur S-Bahn. Wir packten die Koffer in das Gepäcknetz und sind ins nächste Abteil gegangen. Alles ging gut. Nach acht Tagen erhielten wir im Westbereich von meinem Bruder die Flugkarten und fuhren nach Tempelhof. Wir sind von Tempelhof nach Frankfurt geflogen. Mit Frau und drei Kindern von 4 ½ bis 1 ½ Jahren.

Mein Bruder wohnt in der Nähe von Frankfurt, der hat uns aufgenommen. Von dort aus musste ich dann in das Notaufnahmelager Friedberg. Da wurde ich vom Geheimdienst verhört, kriegte meinen Flüchtlingsausweis, den ich nie benutzen konnte. Den konnte man nur nutzen, wenn man auch Geld verdiente. Ja und dann versuchte ich wieder, eine Arbeit zu finden. Die Porzelliner wollten mich nicht haben. Ich bin in einer Vertretungsfirma, die Rohstoffe für die Porzellanindustrie vertrieb, gelandet. Ich habe dort zwei Jahre gearbeitet bis zum 31. 12. 1960.

Arbeit im Westen

Es war im September 1958, als ich mich nach einer Arbeit umgesehen habe, als Modelleur oder als Arbeiter in einer Porzellanfabrik. In Westdeutschen Porzellanfabriken wurde ich – weil ich aus der Ostzone kam – nicht akzeptiert. Ich tat einen Schulfreund auf, der eine Vertretungsfirma für Rohstoffe für die Porzellanindustrie in Nürnberg hatte. Der brauchte einen Mitarbeiter, der die Porzellanfabriken in Oberfranken besuchte und Dekorstempel, später Filtertücher für die Filterpressen bei der Herstellung von Porzellanmasse und Siebdruckbilder für die Dekoration der Weißporzellane in Vertretung hatte. Die Produkte wurden in den Fabriken angeboten und Aufträge entgegengenommen.

Ich fuhr also in der Regel am Montag. Ich bekam einen kleinen VW Standard-Käfer und fuhr am Montag früh nach Oberfranken. Das ging von Weiden angefangen nach Norden bis nach Tettau an der Grenze zu Thüringen. Zum Teil habe ich auch die Glasfabriken im Bayerischen Wald besucht. Bei dieser Tätigkeit hatte ich die Chance, fast jede Porzellanfabrik in Westdeutschland kennenzulernen. Ich war auch einmal im Saarland. Da gab es eine Geschirrfabrik. Eine Firma gab es auch in der Nähe von Frankfurt, die Porzellanzähne produzierte und Porzellanmasse brauchte, die auch in Oberfranken hergestellt wurde. Angefangen habe ich da im November 1958. Das ganze Jahr 1959 arbeitete ich mich ein. Das wurde von den Firmen auch akzeptiert, die wir vertraten, weil die Umsätze besser wurden und stiegen. Ich wurde mit einem Grundgehalt entlohnt und bekam je nach Umsatz einen Anteil an der Provision.

Das sah ungefähr so aus, dass ich im Monat etwa 500 Mark verdiente, später wurde es manchmal 600 Mark, aber das war relativ selten. Es war kein fürstliches Entgelt. Ich hatte erstens eine verantwortliche, eigene Tätigkeit, die mir auch lag. Zweitens habe ich enorm viel aus und in der westdeutschen Wirtschaft gelernt. Ich kam aus einer ganz anderen Wirtschaftsform und hatte die Gelegenheit, die ganze Porzellan- und Glasindustrie kennenzulernen. Dadurch gewann ich einen enormen Überblick. Ich besuchte nicht nur die Porzellanfabriken, sondern auch Porzellanmalereien, von denen ich eigentlich aus Thüringen herkam. Sie produzierten nun ganz anders. In Westdeutschland gab es den Siebdruck, den die „Ostzone" damals noch nicht kannte. Es waren erst ganz zaghafte Anfänge da, die ich aber nicht kannte.

Das ging bis zum Sommer 1960 gut. Da kam ich an einem Abend – es war schon nach Feierabend – nach Küps. Küps hatte damals vier kleine „Porzellanfabriken". Es waren Handwerksbetriebe, die mit zwischen vier und zwölf oder 20 Leuten arbeiteten. Ich kam in eine Firma, die stand auf meinem Verzeichnis. Da war niemand mehr da, außer dem mittelalten Mann, der sich über eine Form beugte, den Kopf nur rumdrehte und sagte: „Wir kaufen nischt, wir machen Pleite." Dieser Ausdruck ist mir noch heute im Ohr. Das war für mich ein Signal, denn, was du bis jetzt gesehen hast in diesen 1 ½ Jahren, das was die machen, das kannst du schon lange. Wir fingen ein Gespräch an. Er hat mir erzählt, er hätte sich mit seinen

Kompagnons zerstritten. Das wäre eigentlich kein schlechtes Geschäft, aber sie würden Konkurs anmelden müssen, weil sie so viel Schulden hätten, dass sie das nicht mehr bezahlen könnten. Da sag ich: „Also, das würde mir gefallen den Betrieb zu kaufen, was kostet der?" Und ich habe dann im Sommer 1960 die offenen Rechnungen aufgekauft, das waren im wesentlichen Masse. Diese kleinen Betriebe machten ja ihre Masse nicht selber, sondern kauften sie bei einer Massenmühle. Das habe ich auch bis zum Schluss meiner Tätigkeit so gehalten. Eine eigene Massenmühle erfordert einen enormen hohen Aufwand an Maschinen und Rohstoffeinkauf. Das ist für ein Handwerksbetrieb, der so um die 20 bis 30 Personen beschäftigt, nicht rentabel. Das war auch im Angebot günstig. Also das war in Ordnung. Aber es gab in diesen kleinen Betrieben Elektroöfen zum Brennen, das war für mich ganz neu. Ich hatte in Thüringen gelernt, mit Kohle befeuerten Öfen zu arbeiten. Das erforderte eine technische Umstellung. Die Elektroöfen haben ständig eine sauerstoffreiche Atmosphäre, wie die Luft in der Umgebung eben ist, während man beim Kohlebrand, auch beim Gasbrand mit sauerstoffarmer Luft brennen kann. Färbende Eisen- und Manganoxide, die noch im Kaolin naturgemäß vorhanden sind, kann man durch einen reduzierenden Brand umwandeln in Oxydule, die also fast farblos sind. Dann erzielt man eine weiße Masse. Die in Elektroöfen gebrannten Massen kamen entweder in leichtem Elfenbeinton aus dem Ofen oder wurden mit Kobaltsalzen angefärbt, so dass dieses Gelb durch Hellblau überspielt wurde und weiß-grau war. So weit, so gut. Ich habe weiterhin meine Tätigkeit als Vertreter zu Ende geführt. Ich kündigte nachdem klar war, dass ich in Küps einsteigen wollte.

Ich hatte mir im Lauf dieser 1 ½ bis zwei Jahre ungefähr 5 000 Mark gespart, bekam von meinem Bruder 5 000 Mark als Startkapital geschenkt. Mit diesen 10 000 Mark fing ich dann an, die Rechnungen, die mein Vorgänger nicht bezahlen konnte, zu begleichen. Die Summe belief sich auf vielleicht 1 500 Mark, also es war ein Klacks. Es mussten – die Öfen waren uralt und ziemlich am Ende – also Investitionen getätigt werden und vor allen Dingen wollte ich die Produktion, die es dort gab nicht nur weiterführen, weil die Fachleute dafür da waren. Ich wollte eine Geschenkartikelserie aufbauen, selber modellieren wie ich es von Thüringen her kannte und die es in Bayern so nicht gab.

Es waren fünf Mitarbeiter da. Sie haben sich gefreut, dass es weiter ging. 1960 war die Arbeitslosigkeit noch relativ hoch. Ich habe die Firma im November 1960 gegründet. Praktisch angefangen habe ich am 1. Januar 1961, weil ich bis dahin noch in Nürnberg meinen Anstellungsvertrag hatte. Die Facharbeiter bekamen damals in der Stunde 1,80 Mark. Das waren hochqualifizierte Leute, die die Figuren – die Spitzenfiguren – herstellten.

Das habe ich dort gelernt. Die Fachleute waren da und es waren auch Frauen da, die – als ich kam – nicht mehr im Betrieb waren, die aber wieder gerne mitgearbeitet haben, so dass wir dann relativ bald auf ungefähr zehn Beschäftigte kamen. Das war also 1962/63. Parallel dazu fand ich eine Fertigung von in der Hand geformten Porzellanrosen vor und auch andere Blüten. Es gab noch Nelken und Anemonen, aber hauptsächlich waren es Rosen. Die Blüten wurden auf irgendwelche Geschenkartikel aufgebracht – das war dann meine Idee – die habe ich irgendwo gesehen – ich habe dann Geschenkartikel einmal selbst modelliert und dann modellieren lassen und übernommen. Die ganze Formgebung, die ganze Gipsabteilung (Herstellung der Arbeitsformen aus Gips) habe ich praktisch alleine durchgeführt. Erst nach drei Jahren kam dann ein junger Mann, den ich ein bisschen angelernte. Der war ein hervorragender Modelleur geworden. Der ist mir bis heute treu geblieben. Das war eine Freundschaft geworden. Es ging dann so langsam aufwärts. Die Familie habe ich Ende Dezember nachgeholt.

Wohnen

In Nürnberg hatten wir eine sehr schöne 4-Zimmerwohnung bekommen, am Hasenbuck heißt das in Nürnberg. Da fühlten sich die Kinder recht wohl. Die hatten ein Zimmer für sich alleine, das war ohne Möbel, da wir ja keine hatten. Die ersten Möbel, die wir kauften, waren Matratzenrahmen mit Sprungfedern, die stellte ich auf Backsteine. Das waren auch noch lange in Küps unsere Betten. Das erste richtige Schlafzimmer kaufte ich mit der Anneliese um 1980. In Nürnberg hatte ich bei einem Altwarenhändler ein Zweietagenbett aus Metall gekauft. Da gab es dann auch die Matratzen dazu. Die drei Kinder hatten dann ein Einzelbett und ein Doppelbett. Die erste Anschaffung war ein Küchenschrank, der noch lange in Küps stand. Wir hatten WK-Möbel fürs Wohnzimmer gekauft. Das war sehr teuer. Da half mir mein Onkel mit 5 000 Mark. Das Geld haben wir nicht nur für diese Möbel, sondern auch im Betrieb benötigt. Die Möbel existieren heute noch. Das sind heute noch meine Wohnzimmermöbel. Die konnte man in allen möglichen Variationen einsetzen, das war prima. Dann protestierte die Familie. Sie wollte nicht aus der Großstadt Nürnberg wegzuziehen. Christina war im Sommer gerade in die Schule gekommen. September 1960 ging das Schuljahr los und hat sich bitterlich beschwert. Aber dann ging sie halt in die Volksschule in Küps. In Küps hatte ich eine Mietwohnung, ungefähr zehn Minuten vom Betrieb entfernt. Die war etwas kleiner. Wir hatten Wohnzimmer, Schlafzimmer und ein kleines Kinderzimmer, also ein Zimmer wo die Kinder schliefen, Bad und eine kleine Wohnküche. Das reichte bis 1966. Da baute ich neben dem Betrieb. Ich konnte die Betriebsgebäude auf Rentenbasis kaufen und zahlte jeden Monat 300 Mark. Das wurde je nach Lebensstandardindex immer höher. Als ich die letzte Rate – die Laufzeit war beschränkt – bezahlt hatte, da starb diese Dame, die dieses Geld bekam. Wenn die vorher gestorben wäre, hätte ich es früher gekriegt und weniger Kosten gehabt.

Die ursprünglichen Besitzer waren dort zur Miete. Das habe ich einfach übernommen. Die Leute waren froh, dass es weiter ging. Die Gebäude waren ursprünglich ein relativ großer Bauernhof mit einem schön gemauerten Gebäude – das waren ganz reiche Bauern. Sie ließen die Söhne alle studieren. Der eine Sohn war Zahnarzt, der andere auch Zahnarzt und der dritte Jurist. Es gab noch eine Schwester, das „Fräulein Böhm". Sie hatte das Haus geerbt und erhielt von den Gebäuden die Rente. Sie arbeitete nicht. Mit den Kindern hat sie sich sehr nett verstanden. Sie haben sie ab und zu besucht. Unsere Kinder waren ja auch handsam. Das war an sich ein gutes Verhältnis.

Die Porzellananfertigung war untergebracht im ehemaligen Kuhstall. Der Bauernhof war schon aufgelassen worden nach dem 1. Weltkrieg. Die Felder waren alle verpachtet und von der Pacht haben die Kinder auch studiert. Die ganze Familie, der das gehörte, war reich, aber mit Landwirtschaft hatten sie nichts mehr zu tun. Sie verpachteten also die Gebäude. Das waren zum Teil Lagerräume. Auf den Böden – in Küps gibt es viel Flechtindustrie, Korbindustrie – haben wir die Körbe für die Granaten gefunden, die im 1. Weltkrieg gebraucht wurden. In den Kuhstall sind nach 1945 aus Rudolstadt Porzelliner gekommen, die hatten es ja nicht weit über die Grenze, die haben die Modelle von Thüringen herübergebracht und auch ihr Wissen. Frauen konnten die figürlichen Sachen herstellen, die Belegerei für die Spitzenfiguren. Schon zu Reichsmarkzeiten – also ab 1946 – haben dort schon Thüringer Porzelliner begonnen zu arbeiten.

Klaus Cutik bei der Einschulung eines seiner Kinder

Der Kuhstall hatte eine sehr niedrige Decke, er war nur 1,80 m hoch, nein 1,95 m. Das ist für eine Fabrik sehr niedrig. Es waren Zwischenwände eingezogen worden für die Malerei, den Modellbau und die Masseaufbereitung – also die Fertigmasse musste aufbereitet werden zum Gießen. Das war alles in diesem Gebäude mit untergebracht. Es war sehr eng. Es waren natürlich auch die Elektroöfen drin. Geheizt wurde mit Ölöfen, deren Tanks jeden Morgen aufgefüllt werden mussten. Es war also recht primitiv. Aber ich habe es für einen Apel und ein Ei erhalten auf der einen Seite. Auf der anderen Seite waren Modelle vorhanden, um figürliche Porzellansachen herzustellen. Es waren auch schon ein paar Modelle für Geschenkartikel da, Vasen glaube ich hatten sie nicht. Also war schon ein bisschen was da, mit dem wir arbeiten konnten. Ich begann selber zu modellieren und abzugießen. Das war etwas problematisch, weil ich das wohl mal gelernt hatte, aber in Kahla nie dazu gekommen war, dies auszuüben. Das kriegte ich schon hin.

Mein Schwiegervater besuchte uns. Er durfte ins westliche Ausland, weil er in seinem Betrieb in Ilmenau so viel Export hatte. Er besuchte uns auf der Rückreise von Italien, das war so etwa 1962, um zu sehen wie es uns ging und was wir machten. Er erzählte mir hinterher, dass er entsetzt war über diesen Betrieb, den sein Schwiegersohn nun da angefangen hatte. Ich fand mich ganz wohl da drin.

Die Arbeitszeit war relativ lange. Die Elektroöfen wurden mit Nachtstrom betrieben, wurden also abends um 10 Uhr, da gab es den verbilligten Nachtstrom, eingeschaltet und brannten dann bis früh um 6 Uhr, 7 Uhr auch mal. Um 7 Uhr mussten wir aus dem Netz raus, denn dann wurde es teuer. Das bedeutete, dass ich jeden Morgen raus musste – jedes Mal, wenn ein Ofen brannte und wir waren bald soweit, dass wir jeden Tag einen Ofen brennen konnten, das war ja gut so, da hatten wir Umsatz und hatten es vor allen Dingen am Tag über auch schön warm. Die Öfen wurden aufgeheizt und wieder abgekühlt. Sie waren periodisch brennend. Ich musste spätesten um ½ 5 morgens am Ofen sein und dann immer nachsehen – Messgeräte gab es praktisch nicht, nur sog. Segerkegel – das war keramisches Material. Wenn das weich wurde, wussten wir, welche Temperatur es hatte und konnten dann ausschalten. Um 6 Uhr war ich meistens fertig. Jetzt kamen die ersten Arbeiter. Die

Frauen wollten möglichst früh arbeiten, damit sie sich nachmittags um ihre Kinder kümmern konnten – wie das damals so war. Ich bin um 6 Uhr wieder nach Hause gegangen und habe mich erst mal versorgt und angezogen. Meistens ging ich im Schlafanzug und Mantel rüber in den Betrieb. Die Dorfstraße war ja leer. Die Straße war noch nicht einmal asphaltiert. Das entstand erst 1965/66. Und 1966 war ich dann soweit, dass ich mit entsprechenden Krediten – ich hatte einen Bausparvertrag eingezahlt – neben dem Betrieb ein Wohnhaus bauen konnte. Das bewohnte ich dann bis 2008. Das war unser einstöckiger Bungalow nach eigenen Plänen. Er war sehr schön. Das hat damals 100 000 Mark gekostet, natürlich mit Krediten. Ich habe nochmal angebaut – ein zweites Wohnzimmer, also ein Kaminzimmer und Terrasse dazu. Verkauft habe ich das Haus 2008 für 50 000 Euro. Wir hatten schon Alufenster, die ganz dicht waren, nur 2000 waren die Dichtungen dann kaputt und alt. Da hatte ich aber kein Geld mehr, um die Fenster zu erneuern.

Der Betrieb wuchs und wurde immer größer. Ende 1968 habe ich – erst baute ich das Wohnhaus, 1968 auf 1969 in einem Sommer, wo nicht viel Betrieb war – den Betrieb umgebaut. Ich wollte eigentlich nur einen Raum haben, wo ich einen Gasofen anschließen konnte. Wir hatten ab 1962 neue Elektroöfen mit Wagen, die wir außen aufbauen konnten und Wechselwägen, so dass wir nicht die heißen Öfen früh bei 300 Grad ausräumen mussten, sondern wechseln konnten und hatten auch Messgeräte.

Aber einmal ist mir ein Messgerät kaputt gegangen und ich war in Kronach bei meinem Gesangverein. Es war eine außergewöhnlich lange Sitzung. Da hat einer ewig lange von seinen Sachen erzählt – ich sehe das heute noch. Ich kam erst früh um zwei nach Hause, da war der Ofen schon zu hoch in der Temperatur und es war alles zusammengebrannt. Wir holten Porzellan und Brennplatte mit der Spitzhacke heraus. Es war ein Gasofen, den konnte man auch am Tage brennen, aber länger als ein Elektroofen. Wie ich auch schon bei den Kriegserleben oder bei anderen Dingen geschildert habe – so wie es kam, wurde immer das Beste daraus gemacht. Zum Schluss hatten wir dann fast 40 Beschäftigte, hatten eine neue Kollektion – eine zunächst mal nach den Spitzenfiguren und Geschenkartikeln mit diesem Rosenbelag, das alles an die Amerikaner ging. Sie zogen aber ihre Truppen dann nach und nach – schon in den 70er Jahren – langsam zurück. Da ging also noch Ende der 70er Jahre der Verkauf an die Amerikaner. Dann bauten wir für die deutschen Kunden eine Serie auf – Parfümzerstäuber und Salz- und Pfefferstreuer. Das ist eine Spezialfertigung wegen der Gewinde. Ich musste immer was Besonderes machen, was die Geschirrfabriken nicht machen konnten oder wollten. Bei Parfümzerstäubern wird ein Metallteil aufgeschraubt, das Gewinde musste passen. Bei Salz- und Pfefferstreuern ebenfalls. Das haben wir auch ausgebaut und Ende der 60er Jahre lernte ich den Mann kennen, der mit dem Sparkassenverlag arbeitete. Jetzt kamen die Spardosen dazu. Das war ein großes Geschäft. Und in den 70er Jahren folgten die Puppen. Die kamen wieder en vogue und wir haben eben damit angefangen. Zuerst arbeiteten wir mit Farbglasuren. Als dann diese Mary-Moline-Kollektion dazu kam, begannen wir mit dem unglasierten Biskuitporzellan.

Alle Firmen, die Bastelbedarf verkauften, kamen wegen der Porzellanpuppenteile auf uns zu. Wir haben sowohl an Götz geliefert wie auch an Sigikid. Aber das war erst später. Wie das eigentlich zuerst anfing, soviel ich mich erinnern kann, waren das Schweizer Grossisten. In der Schweiz war dieses Puppenbasteln besonders stark im Gange. Glorex ist da, aber das ist ja auch ein Händler, und da gab es noch einen, mit dem haben wir dann gearbeitet. Glorex war für uns kein Auftraggeber.

Das lief ja auch alles hintereinander her oder parallel. Ganz ehrlich gesagt, ich weiß es nicht mehr, wie es sich dann entwickelt hat. Aber das war eben neben den anderen Produktlinien, die wir hatten, eben eine zweite oder dritte. Das ging alles gut, auch als die Mary Moline Ende der 1980er auslief. 1987 fiel sie dann aus, da hatten wir noch andere Aufträge, vor allem die Spardosengeschichten, die wir weiter ausbauten. Es kam die Wiedervereinigung, es wurden alle Lagervorräte, die wir hatten, koste es was es wolle, aufgekauft von den neuen Bundesländern. Das ging bis zum März 1991 und im April hat in den neuen Bundesländern keiner mehr was gekauft. Wahrscheinlich ist das Geld ausgegangen, was weiß ich. Und das war für uns der Anfang vom Ende. Die Puppen waren weggebrochen. Das hatten wir gar nicht gemerkt. Was wir noch sehr intensiv betrieben hatten, waren Werbegeschenke, das sind also im Wesentlichen Schnapsflaschen in Sonderformen gewesen. Da produzierten wir mitunter nur 300 Stück, aber die Kunden bezahlten die

Werkzeugkosten. Die sind im Porzellanbereich relativ niedrig. Im Kunststoffbereich liegen die bei zig Tausend - 20, 30, 40 Tausend Euro und bei uns lagen sie im Schnitt zwischen 800 Euro und – bei komplizierten Sachen – bis zu maximal 2000 Euro. Und diese Kosten hatten sie auch alle bezahlt. Der Umsatz teilte sich auf von den eigentlichen hergestellten Stücken auf der einen Seite und auf der anderen Seite die ganzen Modellkosten. Und dadurch konnte ich mir einen Modelleur und einen Formengießer leisten und war immer beweglich. Wir lieferten an Bosch, für AEG hatten wir Motoren als Spardosen hergestellt, an Bosch haben wir eine Zündkerze geliefert – über Jahre hinweg. Ja das ging. Die Krankheit des Betriebes war eigentlich, dass ich kein Verkaufskonzept hatte. Wir haben immer darauf gewartet, dass jemand zu uns kam, und gesagt hat, sie möchten das und das haben und wir haben das gemacht. Aber wir hielten kein Programm vor wie bei den Geschirrfabriken, die hatten ein Fertigungsprogramm und boten das auf einer Messe dann an. Das ging quasi in alle Welt und wurde in großen Stückzahlen produziert. Und wir waren für unsere Kunden da – es war immer so ein hoppla hopp und wir haben das im Grunde nicht richtig beeinflussen können. Die Werbung, die wir machten, hieß: „Wir setzen ihre Ideen in Porzellan um – Werbegeschenke."

Ab Anfang der 90er Jahre wurden nicht mehr so viele Werbegeschenke gekauft. Die Puppen hatten nachgelassen und wir fielen in ein Loch. Zu dieser Zeit in den 1990er Jahren hat die Regierung Kohl mit den Gewerkschaften ein Gesetz verabschiedet, dass Betriebe über 25 Leute ihre Angestellten nicht mehr ohne Weiteres bei Arbeitsmangel entlassen konnten. Und ich habe tatsächlich Leute gehabt, die nicht entlassen werden konnten. Ich hatte einen mal erwischt, der war im Massekeller und hat geschlafen, weil er tatsächlich nichts zu tun hatte. Und wenn ich jemanden entlassen habe, ist der prompt zum Arbeitsgerichtgericht gegangen und hat mich auf Abstandszahlung verklagt. Die waren alle 10 bis 15 Jahre bei mir beschäftigt, haben sich alle wohl gefühlt und sagen mir heute noch, wie schön das bei uns war. Aber ich hatte schlicht und einfach nicht das Geld, um das Abstandsgeld zu bezahlen.

Ich denke da immer an Churchill, der gesagt hat: „Der Unternehmer ist ein armer Hund. Erst muss er den Karren ziehen, wenn es dann zu schwer wird, dann wird er geschlagen und rausgesperrt." Das ging bis 1993.

Mein Nachfolger war 1990 tödlich verunglückt, sodass ich mir wieder einen jungen Mann geholt habe. Der konnte das nicht schaffen. Da kam es zum Konkurs. Ich habe alles verloren was ich an eigenen Mitteln eingebracht – Altersversorgung war im Betrieb, zum Teil auch Geld von den Kindern, das sie sich erspart hatten. Die haben ja auch geholfen, um doch noch was zu retten. Die Christina hat das vor allem gemacht. Das war aber alles nichts mehr und ich verlor praktisch bis auf die staatliche Rente alles. Ich habe nie so viel verdient, dass ich aus der staatlichen Rentenversicherung herausfiel, das war mein Glück. Von dieser Rente lebe ich jetzt.

Anneliese und Klaus mit ihren drei bzw. vier Kindern

Annelieses Mitarbeit im Betrieb ging eigentlich sehr früh los. Wenn die Kinder in die Schule gingen, kam sie in den Betrieb und hat gedruckt. Also diese Siebdruckbilder aufgebracht und Dekorationen mitgemacht. Dann kamen die Puppen, mit denen ich im Grunde nichts zu tun haben wollte. Das Technische habe ich gerne gemacht, aber ich hatte kein Verhältnis zu Puppen. Für Anneliese war das eine tolle Sache. Die hat es mit großem Engagement und Vergnügen gemacht. Die hat dann Puppen gesammelt, die wir gemacht haben, von jeder Puppe hat sie eine gehabt. Wir hatten über 300 Puppen in einem Zimmer sitzen. Es war grausam. Die sind alle inzwischen weg. Zum Großteil habe ich sie verschenkt.

Wir hatten enorm viele Modelle, das waren mindestens schätzungsweise 25, 30 verschiedene Puppenköpfe.

Ja. ja da war eigentlich Schluss. Da war der Betrieb in Konkurs. Dann hat der Nachfolger die Konkursmasse übernommen. Er war mit am Betrieb beteiligt. Er kaufte die Gebäude von der Sparkasse als Darlehen zurück und das, was eben noch da war. Er hat gefertigt noch 10 bis 15 Jahre lang und entwickelte auch neue Artikel. Das wurde ganz langsam abgewickelt. Aber im Grunde ist die Zeit dieser kleinen Porzellanhersteller vorbei, das war im Grunde ja keine Fabrik mehr, es war ein Handwerksbetrieb.

Aber die Zeit ist vorbei. Es gibt jetzt wieder Künstler, die das Material Porzellan lieben und daraus Kunstwerke herstellen. Das kann man aber mit dem, was wir machten, nicht vergleichen. Denn wir reproduzierten ja und erstellten Serien, auch wenn es zum Teil nur kleine Serien waren. Aber die Künstler fertigen Einzelstücke. Kunstgewerbe ist es auf jeden Fall, es sind echte Künstler dabei, die mit dem Material spielen. Es ist sehr schön anzusehen, aber da kann einer vielleicht davon leben. Also ich hatte hier mal einen Maler kennengelernt, der malt in Essig und Öl, und die sind Keramiker oder wie auch und der Maler hat wunderschöne Bilder gemalt, kostet eins – ich wollte gerne eins haben – kostet 4000 € oder 6000 €. Er hätte es mir für 4000 € gegeben so ungefähr. Das habe ich schlicht und einfach nicht. Und bei den Porzellankünstlern ist es genau das Gleiche. Die stellen sich schon irgendein Kunstobjekt ins Haus, das sind also ganz wenige nur.

Rückführung der Eigentümer in der ehemaligen DDR

Mein Vater starb 1948, meine Mutter 1950. Damit war schon mit dem Tod meines Vaters der Erbfall eingetreten, d.h. die Betriebsgebäude gehörten meinen beiden Geschwistern. Die waren in einer Kommanditgesellschaft die Kommanditisten. Sie waren am Betrieb mit beteiligt ohne irgendwelche Einsprüche erheben zu können. Ich war der Komplementär, ich konnte also den Betrieb führen und hatte höhere

Anteile als sie – die hatten glaube ich je 25 %, ich 50 %. Ich hatte aber keinen Anteil an den Grundstücken. Brauchte ich ja nicht, hatte ja meine Geschwister. Das war eine gute Lösung. Das sah nach dem die DDR gegründet wurde folgendermaßen aus: Meine Schwester war 1945 in München sesshaft, war also Westdeutsche, es wurde vom staatlichen Organ verwaltet, dieser Besitz wurde verwaltet, aber nicht angetastet. Mein Bruder war 1947, nein 1946 schon, der sollte in der Wismuth AG in Sachsen arbeiten, in Zwangsarbeit. Er war Lehrling an der Genossenschaftsbank in Kahla. Ich bin mit ihm zusammen über die Grenze. Ich habe meinen Vater mit dem PKW im Westen besucht und musste über die Grenze und hab ihn rübergebracht. Er ging 1946 zu meiner Schwester und hat dort Volkswirtschaft studiert. Er nahm dann bei der Deutschen Bank, wo er schon öfter als Student volontiert hatte, seinen Aufstieg. Er kam nach Frankfurt in die Zentrale und von dort in den Vorstand. Er war republikflüchtig und sein Besitz war Volkseigentum geworden. Mein Anteil war privat bis zu meiner Flucht 1956. Die Privatbetriebe mussten zwangsläufig eine staatliche Beteiligung aufnehmen, so dass der Staat einen gewissen Einfluss auf die Betriebe hatte.

Das hat bei mir dazu geführt, dass ich einmal mit dem PKW in den Westen fahren konnte, weil ich sagen konnte, ich muss meine Geschwister fragen. Es wurde also alles prompt genehmigt und ich hatte eine wunderschöne Fahrt und seitdem war der Betrieb eine Kommanditgesellschaft mit staatlicher Beteiligung. Als ich 1958 geflohen war, wurde mein Anteil enteignet. Dafür bekam ich in Westdeutschland später eine Entschädigung. Meine Geschwister bekamen nichts, die waren ja nicht enteignet worden, sie konnten nur nicht an ihr Vermögen heran.

Bei meinem Bruder war das keine Enteignung, sondern auch eine staatliche Verwaltung, weil er nicht republikflüchtig war, aber er wurde nicht enteignet. Er war vor der Gründung der DDR nach Westdeutschland gegangen. Also die beiden hatten ihre Besitzansprüche nur an den Grundstücken, nicht an der Firma. Als die Wiedervereinigung 1990 kam, war der Betrieb praktisch nicht mehr existent. Der Betrieb war bis 1960 erhalten geblieben. Dann wurde das Porzellanwerk in Kahla als Riesenbetrieb aufgebaut. Die saugten alle Arbeitskräfte an. Es gab in Kahla noch zwei andere Porzellanmalereien, die auch enteignet worden sind. Sie wurden mit meinem Betrieb zusammengelegt zu den „Vereinigten Kahlaer Porzellanmalereien". Sie bekamen auch – weil es volkseigene Betriebe waren – wieder mehr Rohware zur

Dekoration. Das ging so bis etwa Ende 1968. Dann wurden alle Mitarbeiter in das Porzellanwerk Kahla (ein Betrieb von 3000 Leuten) als Dekorationsabteilung integriert. Es waren verschiedene Produktionsstätten, die später aufgelöst wurden, so dass die Betriebsgrundstücke bzw. Betriebsgebäude von unserer Firma praktisch nicht mehr gebraucht wurden. Da zog etwa 1970 eine landwirtschaftliche Produktionsgenossenschaft LPG „Oberes Saaletal" ein. Diese hatte über die Riesenflächen die Verwaltung. So haben wir das vorgefunden. 1989 war das schon in Auflösung begriffen. 1990 existierte diese Produktionsgenossenschaft nicht mehr.

Bauersches Anwesen wurde nach Rückgabe Stiftung für Behinderte

Die Gebäude waren leer. Meine Geschwister haben die Grundstücke wiederbekommen und sie in Kahla verkauft. Die vorhandenen Gebäude waren alt, z.T. noch in Fachwerk gebaut, z.T. hat mein Vater in Beton gebaut. Das wurde alles flach gemacht. Das ist jetzt eine Fläche, die der Bank gehört und Ödland ist. Es existiert nichts mehr davon.

Das Elternhaus in Kahla

Das Elternhaus habe ich beim Tod meiner Eltern geerbt, weil ich drin wohnte, meine Geschwister waren im Westen. Das hatte ich bei der Hochzeit Anneliese übereignet. Als wir geflüchtet sind, wurde das natürlich enteignet, wurde eine Kinderkrippe – als wir 1990 kamen und schauten – 1989 war das sogar schon – da hatten die im Keller lauter so kleine Klos nebeneinander, ungefähr 10 Stück. Da wurden die Zweijährigen, Dreijährigen betreut. Das Haus war bis 1988 als Kinderkrippe genutzt worden, sollte dann renoviert werden. Es bekam eine neue Heizung, die alte Heizung war an den Innenwänden und die moderne Heizung kam unter die Fenster. Die Fenster, die waren für DDR-Heizkörper zu tief am Boden, da wurden also neue Fenster eingesetzt. Die Heizkörper waren aber nicht montiert, als wir 1989 kamen. Da waren die Fenster schon eingesetzt, Holzfenster simpelster Ausstattung. Es war so viel Luft und es waren Jugendliche in der Bauruine drin. Es war eine Katastrophe.

Mein Sohn Thomas absolvierte 1989 seine Prüfung als Orchestermusiker, suchte eine Stelle und bekam prompt in Jena eine Stelle als Solobratscher angeboten. Wir sind nach Jena gefahren und haben eine Wohnung gesucht. Es war eine Katastrophe. Es gab nichts, es gab effektiv nichts. Es wurde nie viel gebaut in der DDR, es sei denn Plattenbauten. In Kahla gab es eine Plattenbauwohnung in der Stadt, die lag über dem Saaletal. Die besichtigten wir, die sollte als Eigentumswohnung um die 160 000 Mark kosten. Das hätten wir schon geschafft. Aber da fuhr im Tal die Eisenbahn vorbei. Die hörte man so laut, dass mein Sohn sagte: „Hier zieh ich nicht ein, ich bin Musiker, ich hab ein feines Gehör, das geht nicht."

Elternhaus in Kahla in den 1920er Jahren - Urfassung

Da kamen wir aus dem Haus raus und trafen jemanden, der uns kannte. Wir erzählten ihm, was wir gerade erlebt hatten. Da sagte er: „Warum ziehen sie nicht in ihre Villa, die ist prima." Da sag ich: „Ja, das ist vielleicht eine Idee." Ich bin dann 1990 und 1991 jedes Wochenende mit vier, fünf Leuten aus Küps und Umgebung nach Kahla gefahren, um das Haus zu renovieren. Ich kann dir noch genau sagen, wo ich die Fliesen gelegt habe und was wir gemacht haben. Da hatte ich einen aus Küps, der sollte das Dach neu decken. Das Konzept war, dass das Haus aufgeteilt wird, damit es vermietet werden konnte. Durch die Vermietung sollten die Kredite abbezahlt werden – in das Haus wurden ungefähr 700 000 Mark Kredite reingesteckt. Die gesamte elektrische Anlage, die gesamte Heizungsanlage, ein neues Dach und ein neuer Treppenaufgang, damit zwei bzw. drei Wohnungen entstehen. Das Dachgeschoss wurde noch ausgebaut. Es wird heute noch vermietet, während zwei Geschosse – eins hat mein Sohn, eins hat meine Schwiegertochter – genutzt werden. Mein Sohn hat jetzt so viel, ich weiß, alle Kredite zurückgezahlt. Das Haus ist schuldenfrei. Das Konzept hat gepasst, aber er hatte furchtbare Angst, dass er das nicht schafft und wollte es wieder verkaufen – also viel hin und her. Zum Teil hat sich mein Bruder mit eingebracht, der ja nicht ganz arm ist und hat geholfen – mit einem Kredit aber nur, nicht geschenkt. Banker können keine Geschenke machen, d.h. wenn sie was erreichen wollen, dann machen sie auch Geschenke. Das Haus ist wieder voll toll bewohnbar, sehr schön, hat allerdings einen Nachteil. In der DDR wurden oberhalb unseres Hauses – wir waren quasi am Stadtrand, in einer ganz ruhigen Straße - lauter Plattenbauten angesiedelt. Es sind schätzungsweise um die 12 Wohnungen in einem Plattenbau und um die 120 bis 180 Wohnungen gebaut worden, also Blocks noch und noch. Der ganze Verkehr geht über diese Straße an unserem Haus vorbei mit einem Katzenkopfpflaster. Das sind solche halbrunden Quader. Sie wurden damals verwendet, damit die Pferde mit ihren Hufeisen sich da festkrallen konnten. Das donnert, wenn die PKW's drüberfahren. Also das ist sehr unangenehm. Wir bauten Kunststofffenster ein, es ist alles rausgeschmissen worden, was während der DDR-Zeit eingebaut worden war. Zu allererst gleich die kleinen Toiletten, die sind einfach verschwunden. Da gab es offensichtlich Interessenten.

Wir haben die Heizung auf Gas umgestellt. Gott sei Dank haben wir Gasanschluss. Die Heiztherme wurde auf dem Dachboden eingebaut und das Heizungswasser wird durch das Haus gepumpt. Fußbodenheizung ist nur im ersten Stock, im Erdgeschoss haben sie nachträglich wieder Heizkörper eingebaut. Es war der Schwamm im Keller, das ist auch wieder beseitigt. Es ist enorm viel investiert worden, die Schwiegereltern meines Sohnes, die ja auch nicht ganz arm sind, haben das Erbe an die drei Kinder schon mal vorverteilt. Da kamen – glaube ich – auch 100 000 € zustande. Das Haus wurde neu verputzt – es ist viel investiert worden. Jetzt ist es schön zu bewohnen.

Haus in Kahla vor der Renovierung

Das Elternhaus ist wieder in Familienbesitz. Es gehört je zur Hälfte meinem Sohn und der Schwiegertochter. Da bin ich sehr froh darum. Die Schwiegertochter hat nun endlich eingesehen, dass sie ein tolles Haus hat, wo sie leben kann. Sie ist durch starkes Rheuma behindert. Sie wollte aufs Land ziehen, in irgendein Dorf oberhalb von Kahla und das Haus verkaufen und wieder ein neues Haus bauen. Das hat sich inzwischen zerschlagen. Sie freut sich, dass es ihr gut geht. Es sind zwei Wohnungen mit 80 qm, jeweils voll ausgestattet mit Küche, Bad, Wohnzimmer, Schlafzimmer und Nebenzimmer, relativ groß. Das Wohnzimmer hat nur 20 qm, muss ich allerdings sagen. Als ich von Küps nach Kahla kam, habe ich gedacht, das sind aber kleine Zimmer.

Haus in Kahla, Foto: Thomas Cutik 2022

Das Haus wurde 1927 gebaut, 1926 entwickelt. Als Kind habe ich es als groß empfunden. Ich habe an diesem Haus auch noch rumgebaut. Es ist ein sehr schönes Haus. Es ist schön, dass sich der Kreis wieder schließt und dieses Gebäude wieder zurück in der Familie ist. Dass der Sohn ausgerechnet in Jena an das Orchester kommt, hätte ich auch nicht gedacht.

Die Familie von Anneliese

Die Firma heißt Friedrich Eger & Co. Wobei der Friedrich Eger damit kaum was zu tun hat. Das ist der Vater von Hermann Eger. Hermann Eger ist der Gründer. Er hat die Firma als junger Mann 1900 gegründet.

Damals war deutsches Porzellan weltweit begehrt. Mein Schwiegervater war der

Schwiegersohn von Hermann Eger. Er hatte „nur zwei Töchter", die beide zwar eine gute Erziehung als Töchter aus reichem Hause hatten, also Klavierstunden hatten, waren irgendwo auf einer Höheren Mädchenschule, Abitur glaube ich nicht. Töchter kamen als Nachfolger nicht infrage, aber ein Schwiegersohn. Der kam also aus dem Krieg, aus Italien von der amerikanischen Gefangenschaft wieder nach Hause. Da wurde angepackt und wiederaufgebaut. Der Betrieb hatte immer ausschließlich für den Export gearbeitet. Dies wurde wieder aufgenommen. Sie hatten 1950 wieder etwa 150 Arbeiter. Ähnlich wie in Kahla musste um 1960 herum der Betrieb staatliche Beteiligung aufnehmen. Etwa 1970 wurde er Volkseigentum, nachdem mein Schwiegervater in Rente gegangen war, aber nach wie vor dort arbeitete, bis weit in die 70er Jahre, weil er die persönlichen Beziehungen ins Ausland hatte. Da behielten sie ihn halt. Er war sehr angesehen. Es wurde in den 80er Jahren der DDR, nachdem Kahla groß aufgebaut worden war, in Ilmenau ein paralleles Porzellanwerk und Glaswerk gebaut, ein Riesenunternehmen. Ich weiß nicht, wieviel Menschen in der Porzellanfabrik gearbeitet haben, aber es waren weit über 1000 Leute.

Jetzt ist alles weg. Nach der Wendezeit ging das zurück und sie tun sich heute sehr schwer. Die um Ilmenau herumliegenden Porzellanfabriken, ob das nun Martinroda oder Geraberg oder Langewiesen war, also im Umkreis von ungefähr 30, 25 km, wurden stillgelegt und alles in dieses große Werk integriert. Die brauchten die Facharbeiter. Es gab in der DDR kaum Leute, die noch zum Arbeiten zur Verfügung standen, weil sehr viel Handarbeit gemacht wurde. Von Rationalisierung hatten sie nur am Rande gehört. Martinroda blieb dann lediglich nur noch ein Dekorationsbetrieb. Es wurden dort Kaffeeservice und Tafelgeschirr dekoriert und auch in einem kleinen Ofen gebrannt. Die Rundöfen wurden stillgelegt. In Ilmenau waren diese großen gasbeheizten Tunnelöfen in Gang, die viel effektiver waren. 1990 bekam die Familie Eger ihren Besitz wieder zurück. Die eine Tochter war schon zu DDR-Zeiten gestorben. Die hatte alles an ihre Nichte vererbt, das ist die eine Tochter von der anderen Schwester aus 1. Ehe, während Anneliese die Tochter aus 2. Ehe ist.

Hans Ziem, Vater von Anneliese mit Mutter Hildegard

Die hatte damit nichts zu tun. Anneliese erbte auch. Es wurde die Villa vom Inhaber zur Hälfte aufgeteilt zwischen den beiden Nichten. Die Firma – soweit noch was da war – auf jeden Fall die Fabrikgebäude mit allem Drum und Dran, die waren noch gut in Ordnung, weil ja noch bis zum Schluss dort gearbeitet wurde, ging an die Familie meiner Schwiegermutter zurück. Das Erbe wurde dann aufgeteilt zwischen der Tochter aus 1. Ehe und der Anneliese. Anneliese bekam ein Wohnhaus, wo Betriebsangehörige sehr primitiv gewohnt hatten. Das Haus war kurz vor dem Verfall, aber in einer herrlichen Lage. Das war so das Sahnestück aus dem Erbe, während alle anderen Dinge dann in der Familie der Schwester von meiner Frau verteilt wurden. Da waren wieder Enkel da, der eine hat Keramikingenieur studiert, der war technischer Leiter von einer Porzellanfabrik in Richtung Arnstadt, Plauen bei Arnstadt. Seine Frau war im gleichen Betrieb auch als Technikerin, hatte auch studiert und Labor und was weiß ich alles gemacht. Jedenfalls haben sie dann versucht, die alte Firma Eger & Co wieder in Gang zu setzen. Das war nur in kleinstem Umfange möglich. Die arbeiteten mit zwei Angestellten und verkauften ihre Sachen, die sie produzieren, auf Märkten. Das ist also bedeutungslos geworden. Die sehr großen Gebäude werden heute von der Schwester genutzt von dem, der Keramikingenieur geworden war. Sie hat Volkswirtschaft studiert in der DDR. Eine sehr tüchtige Frau. Sie hat sich in einem Möbelverbund engagiert, also mit eingebracht, nennt sich die Möbelpiraten und die werden also mit preiswerten billigen Möbeln versorgt und dort sind in den drei Stockwerken über viele Quadratmeter die Möbel ausgestellt, die sie verkaufen. Das geht bislang ganz gut. Nur deren Kinder haben wieder keine Lust da einzusteigen. Die haben wieder alle was anderes studiert. Die eine Tochter ist Steuerberaterin bzw., die hat bei einem Notar gelernt, hat eine tolle Ausbildung, kommt jetzt aber wieder zurück nach Martinroda und wohnt in der Villa ihres Urgroßvaters.

Das Haus, das zum Teil meiner Frau gehört hat, ist während der DDR-Zeit an die andere Schwester verschenkt worden, damit es nicht Volkseigentum wurde. Da haben wir also auch kein Recht mehr drauf. Anneliese hat lediglich das eine Grundstück geerbt. Da ist ein Haus, eine Art Ferienhaus für uns drauf gebaut worden, im Rohbau. Der das gemacht hat, der hat für sich ein Haus auf der anderen Hälfte des Grundstücks gebaut. Ich hab's dann verkauft, sehr günstig verkauft. Wir haben dann 15 Jahre lang jeden Monat 600 Mark bekommen.
Das war für uns eine große Hilfe nach dem Konkurs. Wir konnten davon ganz gut leben. Das ist also das Erbe, das haben wir jetzt – das ist zu Ende gewesen 2008 glaube ich. Anneliese konnte nicht mehr unterschreiben, das war etwas schwierig, die Auflösung zu regeln. Es ist praktisch von den ursprünglichen Porzellanfabriken mit 150, 160 Angestellten nichts mehr übriggeblieben, bis auf einen kleinen Handwerksbetrieb, der meistens nur mit drei Leuten dekoriert. Die leben davon, aber auch deren zwei Kinder wollen nichts damit zu tun haben. Das geht dann also auch mal zu Ende.

Familie des Klaus Cutik

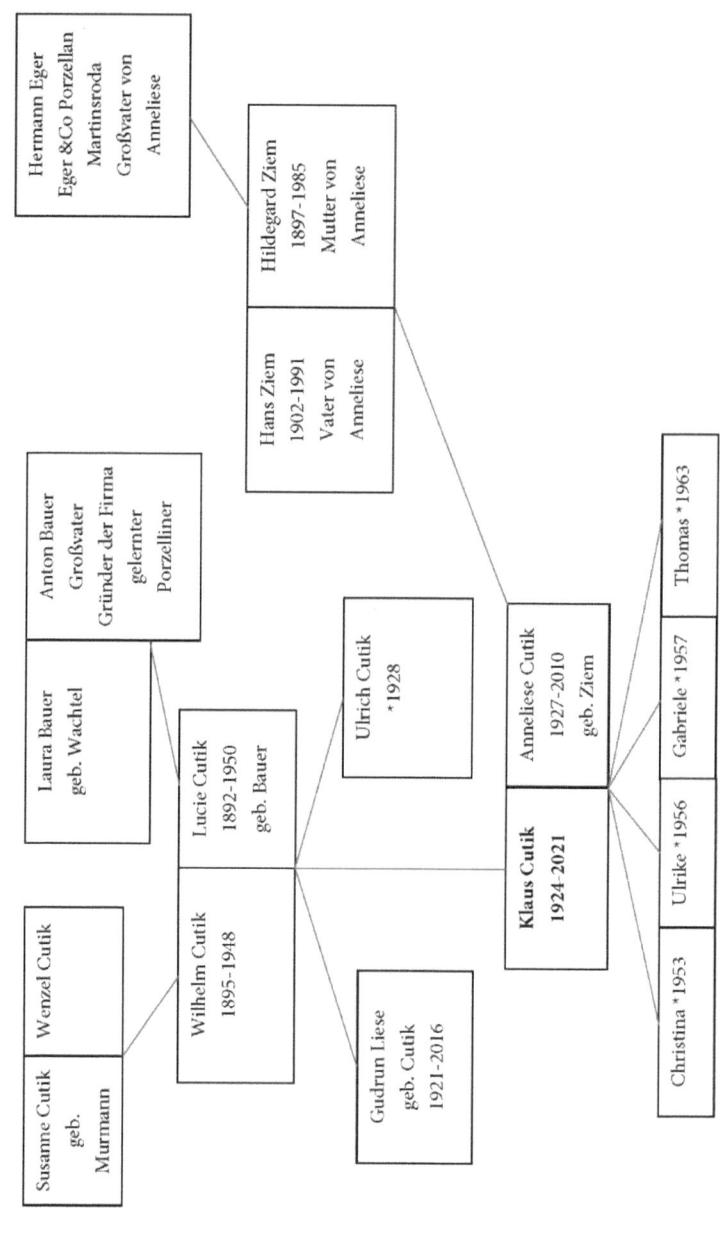

Hermann Eger
Eger &Co Porzellan
Martinsroda
Großvater von
Anneliese

Hildegard Ziem
1897-1985
Mutter von
Anneliese

Hans Ziem
1902-1991
Vater von
Anneliese

Anton Bauer
Großvater
Gründer der Firma
gelernter
Porzelliner

Laura Bauer
geb. Wachtel

Lucie Cutik
1892-1950
geb. Bauer

Ulrich Cutik
*1928

Anneliese Cutik
1927-2010
geb. Ziem

Wenzel Cutik

Susanne Cutik
geb.
Murmann

Wilhelm Cutik
1895-1948

Gudrun Liese
geb. Cutik
1921-2016

Klaus Cutik
1924-2021

Thomas *1963

Gabriele *1957

Ulrike *1956

Christina *1953

Aus dem Tagebuch der Mutter Lucie Cutik

Klaus

Es ist ein rauer Märzentag, als Klaus nach bangen Minuten den ersten Schrei in die Welt ertönen lässt. Der Vater kommt herzu und schaut sich beglückt das Bündelchen an. Eine liebe Schwester Irene pflegt nun uns beide, das Bübchen und die Mutter. Es lernt der kleine Kerl schon am 2. Tag mit großer Geschicklichkeit Trinken, schmatzt mit großem Wohlbehagen dabei. Nach drei Tagen kommt ganz schüchtern das Schwesterchen herbei, schaut die Mutter so traurig an, da sie diese noch nie zu Bett liegen sehen hat. Die Tränen kommen gepurzelt. Wir erzählen ihr, dass es nicht lang dauert, dann darf die Mutter wieder aufstehen. Da ist sie beglückt und fragt nach dem Brüderchen. Es schläft, mit einem Male fängt es an zu schreien, da wird es erst lebendig für Gudrun. „Mutter, er hat ja Ohren und Haare", ruft sie beglückt. Nun erwacht das Mitleid und zufällig bekommt er etwas zu trinken. Wie er nun an Mutters Brust trinkt, sagte sie entsetzt: „aber Mama, Klaus beißt dich doch." Wie ein Wunder kommt ihr alles vor, was mit dem Brüderchen vorgeht.

Nach einer Woche ist Gudrun wieder bei uns, das Geschwisterchen ist nun Mittelpunkt. Gudrun sagt: „Mama, ich will auch mal von dir trinken." „Das geht aber nur bei so kleinen Kindern", sagt die Mutter, „du bist nun schon groß und darfst aus dem Becher trinken." Dann steht sie beim Stillen dabei und trinkt Schluck für Schluck aus ihrem Becher, bis das Klauslein fertig ist.

Eines Morgens komme ich an Klaus Bettchen und finde ein Stück Schokolade auf dem Kopfkissen. Ich frage Gudrun, ob sie es hingelegt hat. „Ja, das ist ein Stück von meinem Betthupferl, da soll Klaus auch etwas haben." Ihr Püppchen legt sie ihm auch neben sein Köpfchen, das es mitschlafen soll. Klaus hat eine Klapper bekommen und Gudrun möchte so gern damit spielen, schämt sich aber dann ein wenig. Wenn niemand im Zimmer ist, nimmt sie sie und … dabei. –

*Geburtsanzeige von Klaus Wilhelm Cutik
gestaltet von Georg Kötschau*

Klaus bekommt viel Erbrechen und weint sehr oft. Wie wir den Arzt fragen, sagt er uns, dass es eine Magensache ist. Der Magenausgang verkrampft sich und lässt die Milch nicht durch, wirft die Nahrung durch die entgegensetzte Bewegung wieder in den Mund. Nun bekommt er Atropin, um die Magennerven zu betäuben. Es wird nicht viel besser, bis wir in die Klinik zu Ibrahim gehen und dort eine Woche bleiben, er bekommt einen … und Atropin in Tropfen vor dem Trinken. Es bessert sich zusehends und wir können bald wieder heim. Nun setzen wir es fort bis zum 5. Monat, wo wir auch eine Mahlzeit durch ein Breichen vollkommen ersetzen können. (Der Brei 100 gr. Milch, 10g gr. Wasser, 5 gr. Zucker, 50 gr. Mehl, 10 gr. Butter). Bis zum 7. Monat wird Klaus auch weiter gestillt. Er fängt bereits an zu sitzen, ist dick und rund, strahlt und lacht den ganzen Tag. Ganz entzückend ist er, wenn er die Großmutter Bauer sieht, die schwer krank ist. Sie reicht ihm einen Finger, er tatscht danach und jauchzt in den höchsten Tönen. Das ist so beglückend für die arme Großmutter. In ihrem Todesbett bringen wir noch einmal Klaus, er lächelt ihr zu und noch einmal sprichst sie „Du wirst einmal ein Guter." Dann verlor sie das Bewusstsein. –

Im Winter fängt Klaus an zu krabbeln und erlangt allmählich große Geschicklichkeit darin. Wir spielen wieder viel zusammen, Gudrun bringt all ihre Sachen herbei. Er untersucht alles aufs Gründlichste, bis es noch kaputt geht, dann strahlt er alle an: … Da kann man dem Schelm nicht böse sein.

Das erste Weihnachtsfest mit Klaus ist für uns alle so rührend. Die Mutter ist noch sehr niedergeschlagen wegen Großmutters Tod am 20. November. Nur die Kinder können ihre Freude nicht verbergen. Da gibt es einen Hasen, der Klaus ganzes Entzücken ist. Er hopst und lacht. Mit einem Male vermissen wir Klaus, alles sucht. Wie wir rufen, kommt er unterm Tannenbaum hervor, den Rest eines großen Lebkuchens verzehrend, das Gesicht braun und lachend.

Nun kommt der Schnee und beide fahren zuweilen im Stuhlschlitten. Klaus spricht noch wenig. Er fasst die Mutter an und führt sie hin, bis sie versteht was er gern möchte. Im März kommt ein junges Mädchen zu uns, Karla Eisenburg, die schnell sich mit den Kindern anfreundet.

Klaus wird immer schelmischer. Er guckt von der Leiter, wenn er eine Dummheit vollbracht und der Schalk lauert schon dahinter. Mit stürmischer Zärtlichkeit umarmt er die Mutter und alles ist wieder gut. Wir rüsten zur Reise nach Oberstdorf, dort bleiben wir sieben Wochen allesamt. Die Reise ist gut vonstattengegangen. Wir waren allein bis München, da haben die Kinder gespielt und geschlafen, wie daheim. Am Abend schläft Klaus ein und wird schlafend in sein Bettchen gebracht. Am anderen Morgen gibt es viel zu bestaunen. Es dauert ein paar Tage, dann sind alle heimisch. Wir werden von den Wirtsleuten gut versorgt. Das Wetter ist wundervoll. Wir sind viel im Schwimmbad. Da springen die Kinder nackend herum, das tut vor allem Klaus gut. Prof. Ibrahim hatte uns gesagt, dass das rechte Beinchen länger ist als das linke und sich beim Laufen dadurch angleicht, indem sich das rechte krümmt. Nun tut die Sonne gut. Wir hoffen das sich noch alles verwächst. Nach drei Wochen fährt der Vater nach Hause und der Großvater kommt nun. Das ist so recht was für Klaus, er darf die Pfeifen nehmen und rauchen, natürlich kalt, bekommt einen Sack und stolziert herum wie ein König.

Am Freibergsee ist Klaus sehr keck, er marschiert, er marschiert ins Wasser hinein, bespritzt alle und will sich dann ausschütten vor Lachen. Beim Herausgehen gibt es oft Tränen, das Planschen ist doch die größte Wonne. Die letzte Woche ist recht unfreundlich, kalt und regnerisch. Klaus bekommt noch eine Erkältung und muss zwei Tage ins Bett. Wir sind dann froh, wie wir heimreisen können, bis München fährt der Großvater mit, dann sind Karla und ich allein. Es geht unendlich. In Saalfeld empfängt uns der Vater, mit Blumen. Der Jubel wie wir in unsere Mühle kommen, der Vater hat alles mit Blumen geschmückt, die Spielsachen sind wieder da, das ist ein Freuen ohne Ende.

Nun ist's Winter, das Weihnachtsfest steht vor der Tür, sogar Klaus wird von den geheimnisvollen Vorbereitungen ganz ängstlich und guckt Knecht Ruprecht sehr von der Seite an, der Ende November zu uns kommt. Gudrun ist ganz ängstlich, zittert, sagt ihr Gebet. Klaus flüchtet sich zum Vater. Doch als Ruprecht seinen Sack ausschüttet, da ist alle Angst vergessen. Mit einem Satz geht's von Vaters Arm herunter und nun wird tüchtig gefuttert. Mitten drin, mit vollen Backen, sitzt Klaus und wirft Nikolaus nur einen lieben Blick zu als er geht, so sicher fühlt sich der kleine Mann.

Das Weihnachtsfest hat viel Jubel gebracht, singend kommen die Kinder ins Weihnachtszimmer und stehen beide wie geblendet vor dem Lichterbaum, bis Klaus seinen …bahn entdeckt, eine Lokomotive mit 3 Kippwagen, die herrlichen Sachen enthalten, Butter, Brot, Käse aus Marzipan. Da wird natürlich auch von allem probiert. Ganz selig ist Klaus, wie er den Puppenwagen wiedersieht, den der Weihnachtsmann geholt hatte. Nun darf ihn Klaus immer haben, Gudrun hat einen neuen bekommen. Nun spielt Klaus tagelang aufs Zärtlichste mit seinen Puppen, drückt sie an sich, dass wir bange sind, er könnte sie zerdrücken. Nun kommt erst rechter Winter. Es schneit ununterbrochen. Da steigt Klaus in Gamaschenhöschen umher, der neue Rodelschlitten wird geholt und Karla saust mit Gudrun und Klaus jubelnd den Berg hinunter. Mit glühenden Backen und großem Hunger kommen alle heim. Die Mutter war Schneeschuhlaufen.

Klaus fängt an sich für Bilderbücher zu interessieren. Er hört still zu und nach wenigen Malen kannte er die Bilder ganz genau. Er spricht noch wenig, Wurst (wurscht) sagt er natürlich, Vatslburg shahh?? Vater, Gagag für Karla, dann wird es Gaga, Kala und wenn er ganz zärtlich sein will Kalichen. Nun kennt er auch seine Bilderbücher und die Reime, da sind es die Engalein, die es ihm angetan, kleine Reime mit reizenden Bildern.

Januar 1929

Zwei volle Jahre hat das Büchlein geruht, nun muss ich doch mal wieder ein wenig berichten von unserem Klausilein. Ein großer Bub ist er in der Zeit worden, voller Dummheiten den ganzen Tag. Dabei schaut doch immer seine Gutmütigkeit durch. Er ist nicht boshaft, sondern neckt nur. Wenn er es oft auch mal übertreibt mit seiner Schwester, rühren ihn ihre Tränen dann sehr und er lenkt ein.

Ich will die wichtigsten Ereignisse der letzten Jahre nachholen. Die Fahrt an die Ostsee im Sommer 1927 ist für Klaus sehr ereignisreich. Die Eindrücke sind unendlich viele, am Strand spielt Klaus sehr schön mit den Kindern, er versteht es, sich schnell anzufreunden und auf seine gutmütige Art gewinnt er schnell die

Herzen. Auf der Heimfahrt sind wir in Stralsund am Hafen, der Klaus mit seinen Schiffen und den Kränen besonderen Eindruck macht. Überwältigend war Berlin. Wir waren einfach erstaunt, wie schnell der Bub die Verkehrsregeln erfasst. Das Aufleuchten der verschiedenfarbigen Lichter merkt er und berichtet laut zu der Umstehenden Freude, wenn die Passage für die Fußgänger frei ist. Der Vater muss Untergrund fahren, Straßenbahn, juchhe, das ist ein Jubel. Klaus hat sehr viel Sinn für Technik. Er fragt den Vater nach allem, wie sich Bahnen bewegen, nach der Anlage. Auch daheim macht es sich bemerkbar, seit Oktober 1926 bewohnen wir das neue Haus. Schon damals schaute Klaus zu, wie Türen und Fenster eingesetzt werden. Als der Garten angelegt wird, nimmt er seine Sandkarre und fährt Erde weg, beobachtet genau der Arbeiter tun, steckt seine Schippe genau wie sie in den Erdhaufen, frühstückt natürlich auch mit ihnen. Er erklärt mir stolz, er sei auch ein Arbeiter. Viel Spaß macht den Kindern das Planschbecken im Rosenhof. Nackend tummeln sie sich umher, das ist köstlich.

Das Weihnachtsfest 1928 bringt Klaus nun eine Eisenbahn mit Uhrwerk, er erklärt zwar allen, sie sei elektrisch, begeistert schaut er zu, wie sie allein läuft, erfasst schnell die Technik und bedient sie allein. Der Selbstfahrer war ein wenig groß im Sommer, jedoch sind die Beinchen lang genug, er wird tüchtig ausgenützt. Des Nachbars Ursel Schöneberg ist seine treue Spielgefährtin dabei, wenn die Schwester in der Schule ist. Im vergangenen Sommer ist Klaus sieben Wochen beim Opa, den er sehr liebt. Leider bekommt er drunten den Keuchhusten, schlimme Wochen folgen für alle, als die Eltern von der Reise durch den Schwarzwald und Bodensee heimkommen. Klaus war immer ein schlechter Patient, wenn er zuweilen erkältet war, sträubte er sich energisch gegen den Wickel oder Arznei. Jetzt ist es rührend zu sehen, wie tapfer er bei den Anfällen ist, die oftmals schlimm sind beim Keuchhusten. Es dauert zwei Monate, ehe er ihn ganz überwunden hatte. Der Sommer war besonders heiß, dass uns besonders schnell wieder zu Kräften kommen ließ. Der Herbst ist für die Kinder ebenfalls wunderschön. Bis in den Oktober sind warme Tage, im Garten blüht es üppig. Klaus spielt viel im Sand. Er kann sich im Gegensatz zu Gudrun vollkommen allein beschäftigen. Er hat seine Gedankenwelt für sich und ist ganz beim Spiel. Die Mutter ist viel mit im Garten. Klaus blaue Augen leuchten, wenn sie ihm erzählt, dass ein Geschwisterchen kommen will zur Weihnachtszeit. Er freut sich wie wir alles dafür richten und ist voller Zärtlichkeit zu mir, ich glaube er spürte das Werden und Wachsen mit, wenn auch im Unterbewusstsein. Als am 4. Dezember Ulrich geboren wird und der Vater den Kindern davon erzählt, wie die Mutter das Kindchen unterm Herzen getragen und das es nun groß geworden und zu ihnen kommen wollte, fasst das Klaus durchaus natürlich auf, ohne jedes weitere Fragen. Eigen ist es, wie in den ersten Tagen die Kinder das Brüderchen noch nicht als ihr Eigen betrachten. Als Tante Leitner nach zwei Tagen Klaus fragt, was sein Brüderchen macht, sagt er ganz erstaunt, das ist nicht mein Brüderchen, das gehört ganz allein meiner Mutti. Nun schaut Klaus zu, wie Ulrich an der Mutterbrust trinkt. Er ist ganz still und andächtig dabei, eines Tages sagt er mit sehr ernst, „weißt Du Mutti, wenn ich einmal groß bin und ein Vater bin, lass ich mein Kind auch mal bei mir trinken." Wie ich ihm sage, dass er das nicht tun kann, sondern dass das die Mutter nur darf und er ein Mann wird, der Arbeiten muss, leuchtet ihm das gar nicht so sehr ein.

Trotz aller äußeren Rauheit ist Klaus sehr weich. Er liebt die Dämmerstündchen ganz besonders. Wenn wir dann beisammensitzen und Geschichten erzählen, kommt es vor, dass Klaus weint, wenn die Menschen bös sind. Er schluchzte neulich bitter, wie das Marienkind immer und immer nicht die Wahrheit sagen will und die Jungfrau Maria es zur Erde schickt und leiden lässt. Er sagte dann unter Tränen, „bitte Mutti erzähle deine Geschichte, wo die Menschen immer lieb sind." Ich sage ihm, dass er auch nicht immer lieb sei. Da fällt er mir um den Hals und schluchzt, ich will aber nun immer lieb sein.

Das Weihnachtsfest war in diesem Jahr verklärt durch des Ulrichs Geburt. Die Kinder spüren es sehr und bitten inständig, dass das Kindchen auch mit unterm Weihnachtsbaum stehen soll. Schwester Lotte ist noch bei uns, hat Klaus während Mutter im Bett lag, selbst aufgezeichnet, dass Klaus sehr sorgfältig geblickt hat: auf Puppe, den Weihnachtsmann oder andere Dinge, die mit einem Block versehen recht hübsche Kalender ergeben. Sehr unwirklich ist Klaus, es drin mit Karla Eisenberg hat es tapfer gesungen. Gudrun bringt schöne Lieder aus der Schule mit, die Klaus in kurzer Zeit nachsingt.

Mutter Lucie, Klaus und der jüngere Bruder Ulrich

In der Adventszeit wurde ebenfalls viel gesungen von der ganzen Familie. Die Weihnachtslieder sind immer wieder schön. Wenn sich jeder ein Lied wünschen darf, möchte Klaus „Zwei Engel sind hereingetreten, kein Auge hat sie kommen sehen" singen. Mit Schwester Lotte haben die Kinder ein schönes Lied „Jesulein zart, dein Kripplein ist hart" heimlich eingeübt und überraschen die Eltern am Weihnachtsbaum damit. Klaus Eisenbahn ist durch den Bahnhof, Stellwerk, Tunnel usw. vervollkommnet. Voller Eifer spielt er damit. Ein Auto von den Großeltern Cutik mit Scheinwerfern und mit Beleuchtung macht viel Freude. Die Postkutsche kommt mit einer Menge Pakete angefahren, die der Postkutscher verteilt. Die Oma Cutik versteckt es durch die Päckchen … versehen zu übermitteln.

Sophie Reinheimer, Ausgabe 1918

Keiner wird dabei vergessen. Bilderbücher hat der Weihnachtsmann auch wieder gebracht. Aus Tannenwald Kinderstube von Sophie Reinheimer muss der Vater oft vorlesen. Ganz besonders liebt Klaus ein kleines Büchlein: „Wie das Eselchen das Christkind suchen ging". Auch die Weihnachtsgeschichte „Heute war es wie der Heilige Christ, ein Kind wie du geworden bist" muss ich immer wieder vorlesen.

Seit Neujahr liegt viel Schnee, tagtäglich gehen die Kinder rodeln. Klaus lenkt den Schlitten, wenn er allein ist, schon ganz sicher. Viel Spaß hat er, wenn er mit den Eltern auf der Leuchtenburg rodeln geht. Da saust der Schlitten, dass es eine Lust ist. Mit frischen roten Backen kommen alle heim.

Personenverzeichnis

Georg Kötschau (* 4. Oktober 1889 in Magdeburg; † 24. Juli 1976 in Jena) war ein deutscher Maler und Grafiker, der bei Henry van der Velde lernte. In Jena gibt es eine Gedenktafel am Haus Burgauer Weg 17.

Paul Erich Oehme (* 8. August 1889 in Berthelsdorf bei Freiberg; † 23. Oktober 1970 in Meißen) war ein deutscher Bildhauer. Ab 1912 arbeitete er für die Porzellan-Manufaktur Meissen. In der Porzellan-Manufaktur Meissen stieg er vom Hilfsmodelleur zum Künstlerischen Leiter der Abteilung Gestaltung (1936) auf. Er arbeitete auch mit Bóttgersteinzeug und entwarf Medaillen. 1944 wurde er von seinem Posten abgelöst. 1948 wurde er Künstlerischer Leiter der *VVB Keramik Erfurt*. Oehme wurde vor allem durch seine expressiven Tierskulpturen bekannt.